CHARLAS
SOBRE A LÍNGUA PORTUGUESA
ALGUNS DOS DESLIZES MAIS COMUNS DE LINGUAGEM

CRISTÓVÃO DE AGUIAR

CHARLAS
SOBRE A LÍNGUA PORTUGUESA

ALGUNS DOS DESLIZES MAIS COMUNS DE LINGUAGEM

ALMEDINA

CHARLAS
SOBRE A LÍNGUA PORTUGUESA

AUTOR
CRISTÓVÃO DE AGUIAR

EDITOR
EDIÇÕES ALMEDINA, SA
Avenida Fernão Magalhães, n.º 584, 5.º Andar
3000-174 Coimbra
Tel.: 239 851 904
Fax: 239 851 901
www.almedina.net
editora@almedina.net

PRÉ-IMPRESSÃO • IMPRESSÃO • ACABAMENTO
G.C. – GRÁFICA DE COIMBRA, LDA.
PALHEIRA – ASSAFARGE
3001-453 COIMBRA
producao@graficadecoimbra.pt

Janeiro, 2009

DEPÓSITO LEGAL
285326/08

Os dados e as opiniões inseridos na presente publicação
são da exclusiva responsabilidade do(s) seu(s) autor(es).

Toda a reprodução desta obra, por fotocópia ou outro qualquer processo,
sem prévia autorização escrita do Editor,
é ilícita e passível de procedimento judicial contra o infractor.

Biblioteca Nacional de Portugal – Catalogação na Publicação

AGUIAR, Cristóvão de, 1940-

Charlas sobre a língua portuguesa : alguns deslizes mais
Comuns de linguagem. – (Autores contemporâneos)

ISBN 978-972-40-3705-9

CDU 811.134.3'36/37

OBRAS DO AUTOR

POESIA:

Mãos Vazias, ed. do Autor com a chancela da Livraria Almedina, 1965 (fora do mercado)
O Pão da Palavra, Cancioneiro Vértice, Coimbra, 1977
Sonetos de Amor Ilhéu, ed. do autor, Coimbra, 1992 (esgotado)

PROSA:

Breve Memória Histórica da Faculdade de Ciências (No II Centenário da Reforma Pombalina, Coimbra, 1972 (esgotado)
Alguns Dados sobre a Emigração Açoriana, Separata da revista Vértice, Coimbra, 1976 (esgotado)
Raiz Comovida (A Semente e a Seiva), 1.ª ed., Centelha, Coimbra, 1978 (Prémio Ricardo Malheiros da Academia das Ciências de Lisboa); 2.ª ed. Bertrand, 1980 (esgotado)
Raiz Comovida II (Vindima de Fogo), 1.ª ed. Centelha, Coimbra, 1979 (esgotado)
Raiz Comovida III (O Fruto e o Sonho), 1.ª ed., Angra do Heroísmo, SREC, 1981 (esgotado)
Raiz Comovida (trilogia romanesca), ed. num só volume, Editorial Caminho, 1987; 2.ª ed. revista e remodelada, Publicações Dom Quixote, Lisboa, 2003
Ciclone de Setembro (romance ou o que lhe queiram chamar), Editorial Caminho, 1985
Com Paulo Quintela À Mesa da Tertúlia, nótulas biográficas) 1.ª ed., Serviço de Publicações da Universidade de Coimbra, 1986; 2.ª ed. revista e aumentada (no 1.º centenário do seu nascimento), Imprensa da Universidade de Coimbra, 2005
Passageiro em Trânsito, novela em espiral ou o romance de um ponto a que se vai acrescentando mais um conto), 1.º ed. Editora

Signo, Ponta Delgada, 1988; 2.ª ed. refundida, Edições Salamandra, Lisboa, 1994
O Braço Tatuado (narrativa militar aplicada), Editora Signo, 1990
Emigração e Outros Temas Ilhéus, miscelânea), Editora Signo, 1992
A Descoberta da Cidade e Outras Histórias, Editora Signo, 1992
Grito em Chamas, polifonia romanesca), 1.ª ed. Edições Salamandra, Lisboa, 1995
Relação de Bordo (1964-1988), diário ou nem tanto ou talvez muito mais, Campo das Letras, Porto, 1999 (Grande Prémio APE /CMP, 2000)
Relação de Bordo II (1989-1992), diário ou nem tanto... Campo das Letras, 2000
Trasfega, casos e contos, Publicações Dom Quixote, Prémio Miguel Torga 2002, 1.ª ed. 2003; 2.ª ed. 2003
Nova Relação de Bordo (III Volume), diário ou nem tanto... Publicações Dom Quixote, 2004
Marilha, sequência narrativa, Publicações D. Quixote, 2005
A Tabuada do Tempo, a lenta narrativa dos dias, Prémio Miguel Torga 2006, Livraria Almedina, Coimbra, 2007
Miguel Torga, O Lavrador das Letras, um percurso partilhado, Livraria Almedina, 2007
Braço Tatuado – Retalhos da guerra colonial – Nova versão, P. D. Quixote, 2008; 2.ª ed. 2008
Charlas Sobre a Língua Portuguesa, Livraria Almedina, 2008

TRADUÇÕES

A Riqueza das Nações, Adam Smith, Fundação Calouste Gulbenkian, 1982
A Nobre Arquitectura, poemas de António Arnaut, traduzidos para inglês.

ÍNDICE

Ao leitor	11
Aprender gramática	17
Ao encontro de / de encontro a	23
Tão-só e tão só	27
"Água-vai"	31
"A minha óptica"	35
Ter *que* e ter *de*	39
"Para o diabo que te carregue"	45
Aberto, *abrido*, morto, matado	51
Dois textos iguais escritos de forma distinta	55
Nomes formados por justaposição	65
Chá, xá, xícara, chávena	69
Vírgulas antes dos relativos	73
Pobre de (em) espírito	79
Mais bem feito, mais mal feito	83
Integrar, integrar-se	87
Concisão de linguagem	93
Evacuar pessoas	101
Verbos regidos por preposições	107
Publicidade enganosa e aprendizagem	111
"Penso eu de que…"	115
Connosco, com nós próprios	119
Os infinitivos	123
Neologismos	129
Entrever e intervir	133
Chamar e não *chamar de*	137
A língua espelho da sociedade	139

Cristóvão de Aguiar, de nome completo *Luís* **Cristóvão** *Dias* **de Aguiar,** nasceu na freguesia de Pico da Pedra, Ilha de S. Miguel, em 8 de Setembro de 1940. Aí, fez os seus estudos elementares. No Liceu Nacional de Ponta Delgada conclui os estudos secundários, após o que ruma a Coimbra, onde frequentou Filologia Germânica, na Faculdade de Letras, curso que interrompeu para tirar o de Oficiais Milicianos, em Mafra. Em Abril de 1965 partiu para a Guiné, deixando publicado o livrinho de poemas *Mãos Vazias*. Regressado em 1967, conclui o curso, lecciona em Leiria durante dois anos. Volta a Coimbra para apresentar a sua tese de licenciatura, *O Puritanismo e a Letra Escarlate*, 1971. Foi redactor da revista Vértice, colaborador, depois do 25 de Abril, da Emissora Nacional com a rubrica "Revista da Imprensa Regional" e Leitor de Língua Inglesa da Faculdade de Ciências e Tecnologia da Universidade de Coimbra durante 32 anos. A experiência da guerra colonial forneceu-lhe material, inicialmente integrado em *Ciclone de Setembro*, de que era uma das três partes, e autonomizado mais tarde com o título de *O Braço Tatuado* (1990). Em 2008, saiu uma nova versão nas Publicações D. Quixote, com o título de *Braço Tatuado*

– *Retalhos da Guerra Colonial*. Da sua obra, por diversas vezes premiada, destacamos *Raiz Comovida I* (Prémio Ricardo Malheiros), *Relação de Bordo I* – Diário ou nem tanto ou talvez muito mais (1964-1988) Grande Prémio da Literatura Biográfica da APE/CMP, *Raiz Comovida*: Trilogia Romanesca (2003), *Trasfega* – Casos e Contos (2003), Prémio Literário Miguel Torga, *Nova Relação de Bordo* (*Relação de Bordo III*), 2004, os quatro últimos publicados na Dom Quixote; *A Tabuada do Tempo* – a lenta narrativa dos dias, (prémio literário Miguel Torga), Livraria Almedina, 2007, que, por curiosa coincidência, foi a primeira chancela do Autor quando publicou *Mãos Vazias* em 1965. Em Setembro de 2001 foi agraciado pelo Presidente da República com o grau de Comendador da Ordem do Infante Dom Henrique. Em 2005 foi homenageado pela Universidade de Coimbra pelos seus quarenta anos de vida literária, tendo sido publicado um livro, organizado pela Prof. Doutora Ana Paula Arnaut, com todas ou quase todas as críticas feitas à obra do Autor no decurso dessas quatro décadas. Em 29 de Junho de 2006 recebe a medalha de mérito do Concelho onde nasceu, o da Ribeira Grande.

AO LEITOR

Estas *Charlas sobre a Língua Portuguesa* nasceram de um desafio lançado no *blogue* "A Destreza das Dúvidas", do qual faço parte. Por vezes, nos comentários a certos textos nele publicados, os intervenientes cometiam erros, não só de ortografia, mas também de sintaxe. Como nunca gostei de ver a nossa língua maltratada (influência que devo ao meu saudoso Mestre, Doutor Paulo Quintela, com quem aprendi muito nesse domínio) – e ela tem-no sido bastante nos meios de comunicação social – decidi contribuir com esta pequenina achega.

Tenho por hábito corrigir os deslizes gramaticais e desde logo aponto as razões das minhas chamadas de atenção, caucionando-as com exemplos, para que a compreensão se torne mais bem fundamentada. Assim vou exercendo a minha diminuta pedagogia na *blogosfera* ou no convívio com os amigos. Se se trata de pessoas que não conheço bem, arranjo maneira de repetir a frase maltratada. Se ouvir de alguma pessoa que não é do meu círculo de amizades ou não tenho confiança, se ouvir, por exemplo: o livro *que mais gosto* é a Bíblia, sub-repticiamente repito: "É curioso; é também o livro *de que mais gosto*... e acentuo *de que*. Para bom entendedor...

Foi como se um pirómano tivesse pegado fogo a um rastilho! Daí em diante, choveram as perguntas e os pedidos de esclarecimento de outras dúvidas, bem como sugestões para que eu tratasse, em forma de "charla", os temas propostos. Desta maneira despretensiosa tiveram origem estas "Charlas sobre a Língua Portuguesa". Apresentam-se agora em forma de livro, com o sentido de ficarem mais bem arrumadas e, se possível, mais duradouras...

Há de facto um grande interesse nesta matéria por parte de muitos Portugueses. Tem havido programas na rádio, na Antena 2 e na RTP1. E muito anteriormente ouvíamos as palestras de Vasco Botelho de Amaral, que mantinha um programa regular sobre a Língua Portuguesa. Do mesmo modo, as crónicas de Edite Estrela no diário A Capital, se a memória me não falha.

Há, em tudo isto, qualquer coisa de misterioso. Por um lado, uma imensa curiosidade por questões que dizem respeito à Língua; por outro, uma enorme ignorância na aplicação das suas normas basilares, as quais desaguam quase sempre em erros graves, lidos e ouvidos todos os dias.

Não se pense, porém, que a desgraça só grassa no nosso País. De um modo geral, todas as línguas maternas europeias estão a ser martirizadas. E nos Estados

Unidos nem é bom falar! O próprio Presidente da maior potência do mundo comete erros imperdoáveis, linguisticamente falando, porque dos outros, e são inúmeros, não me compete aqui referir...

Nunca me há-de esquecer o que disse um dia o Príncipe Carlos, de Inglaterra: "Quando a minha secretária me apresenta uma carta ou um ofício para assinar, tenho de lhe corrigir os erros de ortografia!"

Serão os jogos de computador e as *PlayStation* os culpados desse lodaçal em que as línguas maternas mergulharam? E as mensagens de telemóvel em que se utiliza uma linguagem pouco curial e desmazelada? Mesmo que a resposta fosse afirmativa, isso não explica tudo.

Podem ser consequências e não causas!

Que se passará então no nosso País, que, com o mal dos outros, podemos nós bem?

Quanto a mim, o enigma reside na Escola, começando no Básico e depois no Secundário. E igualmente em alguns professores mal preparados, que dizem *houveram muitas pessoas na manifestação, e prontos*. Os programas são muito *bonitos* para ser ou serem lidos. Desde que postos em prática, ficamos defronte do caos! Há também a considerar a massificação do ensino e a subsequente baixa dos níveis de exigência que, não raro, toca as raias do facilitismo...

Se nos níveis mais elementares do ensino, os alunos adquirem uma malformação linguística e matemática, não será nos estudos mais avançados que irão colmatar

essas lacunas. Faltam-lhes os tais mecanismos automáticos... Aprender custa, como qualquer ofício. É preciso, muitas vezes, partir pedra nas aulas. O aprender brincando é apenas diversão e folia. As aulas vivas e participativas... Pois claro! Ficou apenas parra... Muita parra!
Já é tempo de principiar a aprender aprendendo.

Voltando às "Charlas sobre a Língua Portuguesa": entretanto, muitos foram os jornais que as quiseram publicar: Diário de Coimbra, Diário Insular (Terceira), Correio dos Açores (Ponta Delgada), A Comarca de Arganil, O Incentivo (Faial), A Nova Guarda (Guarda), Monchique (Flores) e Ilha Maior (Pico).

As reacções dos leitores tanto por carta como de viva voz não podiam ter sido mais lisonjeiras e estimulantes, havendo muitos que me sugeriram a sua publicação em livro. Afirmavam que as "Charlas" não deviam ficar embrulhadas na efemeridade dos jornais.

Eis a razão por que me atrevi a enfeixá-las num volume, não sem lhes introduzir algumas alterações que uma publicação em livro exige. Conheço bem os meus limites nesta e em outras matérias. Não sou linguista nem gramático, apenas um *amador* que deseja repartir os seus fracos conhecimentos com aqueles que tiverem a paciência de me ler. Dar-me-ia por satisfeito se alguém tirasse proveito destas "Charlas" e aumentasse o seu pecúlio gramatical, fortalecendo os seus conhecimentos da Língua Portuguesa, a Pátria de todos nós.

Para finalizar, vou cometer uma grande heresia. Já tenho idade bastante para não ter medo. Só o tive a sério na guerra colonial, sobretudo a partir da segunda metade da comissão, que era a altura de o impossível acontecer... Com ele coabitei durante alguns longos anos do pós-guerra, mas, aos poucos, fui-me libertando de muitas peias que me enleavam como as lianas da Guiné. Obviamente que a minha heterodoxia me vai custar a crucificação na praça pública. Pois alevá, como se dizia na minha Ilha:

O cancro do nosso ensino principiou aquando da entrada em vigor do chamado Ciclo Preparatório. Trasladado de França, já cadáver putrefacto, nos finais de sessenta, quando nesse país haviam há muito sido abandonados os métodos nele prescritos para a Língua Materna, a Matemática e a História – fez carreira em Portugal como se fosse o último grito da pedagogia! E foi o que se viu. Afora as sequelas que marcaram várias gerações de estudantes.

Se os pedagogos deste País, dignos desse nome, entenderem que a minha blasfémia foi longe de mais, ponho a minha cabeça no cepo para ma cortarem com o cutelo afiado. Estou por tudo....

Cristóvão de Aguiar
Ilha do Pico, 28 de Agosto de 2007

APRENDER GRAMÁTICA

Antes de mais, devo declarar que não sou especialista em coisa nenhuma, *tão-pouco* da Língua Portuguesa. Considero-me *tão-só* um amante, no genuíno sentido etimológico, do corpus linguístico que se chama, com muita justeza, a nossa Pátria. Expressão que Fernando Pessoa consagrou: *A minha Pátria é a Língua Portuguesa*, mas foi Eça de Queirós quem primeiro a esboçou, na *Correspondência de Fradique Mendes*, ao proclamar que, nós, Portugueses, devíamos falar patrioticamente mal todas as outras línguas...

Manda a verdade que se esclareça que a gramática que ainda hoje sei, decorei-a e papagueei-a na quarta classe de antanho. Não, descansai! Não quero nem me apetece regressar ao ensino do passado, que era, em muitíssimos aspectos, deveras muito mau! Só quero dizer que, na altura própria, me mandaram memorizar a Tabuada, a Gramática, a História, a Geografia, e fiquei com tudo isso a fazer parte do meu pequeníssimo pecúlio intelectual, pronto a ser disparado a qualquer momento, mal se tocava no gatilho da pergunta. Se sabia o que estava a debitar, isto já pertence a outro reino...

Mas, por acaso ou não, não senti quaisquer traumas, o que se não pode nem deve generalizar. Nessa idade, a memória absorve tudo sem grande custo, do mesmo modo que uma criança aprende a nadar aos três anos, ou ainda mais moça, e absorve e interioriza os movimentos próprios da natação, ficando eles a fazer parte integrante do seu ser. Se o faz em idade mais avançada, ficar-lhe-ão para sempre os movimentos perros e exteriores a si próprio, como um ente estranho.

Todavia, existia nesse tempo um problema alicerçado num forte *porém*, ou, para falar mais claro, em grandes adversativas. Depois do exame da quarta classe e do de admissão aos Liceus, só prosseguiam os estudos os filhos de pais com recursos económicos para os mandar estudar na cidade ou na vila. A maioria dos alunos que concluía a escola primária ou a terceira classe ia (ou *iam*) trabalhar no duro, nas terras, na lavoura, dando o dia por onde calhava e Deus era servido...

Tendo sido muitos deles alunos brilhantes na escola, depressa esqueceram tudo ou quase tudo. Ficou-lhes apenas o saber juntar as letras, o agora denominado analfabetismo funcional, que se está estendendo já aos anos adiantados do Ensino Secundário e por vezes ao do Superior. Só quem prosseguia os estudos no Liceu ou noutros estabelecimentos de ensino é que, paulatinamente, principiava a racionalizar o que aprendera na escola elementar de cor e salteado e de olhos fechados: a Gramática, a História e a Geografia. Esta com as linhas férreas de via larga ou reduzida, as serras e os rios e seus afluentes e outras cantilenas...

Todavia, tanto a História como a Gramática forneciam um bom esqueleto e certas balizas temporais necessários à compreensão para o que se havia de estudar mais tarde. Fui um deles, não porque a família tivesse posses, mas porque meu Pai "emigrou" para a Ilha Terceira, onde trabalhou com os americanos da Base Aérea 4, e o ganho era suficiente para sustentar a família e manter-me no Liceu da cidade.

No Liceu, os professores não se davam ao trabalho de ensinar gramática. Os assuntos básicos eram dados como sabidos. Dividíamos os *Lusíadas* em orações, uma crueldade, mas, em compensação, ficávamos a saber que os oito versos da primeira estrofe e os seis da segunda serviam de complemento directo, ou objecto directo, aos últimos dois versos da segunda estrofe...

Agora, nada ou quase nada se dá como sabido. Apesar de o ensino ter sido alargado, e precisava ser ainda mais, quase nenhuma matéria é dada como adquirida. Anda-se em revisões constantes e muito pouco se avança ou avança-se muito lentamente.

Quem tenha cometido erros de palmatória na escola primária e não os conseguiu corrigir durante os anos em que lá permaneceu, dificilmente o conseguirá. Nem nas Escolas Secundárias, nem nas Universidades, *tão-pouco* nas Faculdades de Letras, onde muitos alunos cometem erros bárbaros (um dia hei-de demorar-me um pouco sobre esta matéria)...

Além disso, nem convicção existe no próprio erro. No mesmo texto escreve-se: *assúcar*, *asúcar*, *açúcar*, o que torna a paisagem mais negra e muito mais difícil de se clarear. Se houvesse constância no engano, isto é, se alguém escrevesse sempre *assúcar*, muito mais fácil se tornaria chegar-se à ortografia correcta do lexema *açúcar*. Não há consistência e, quanto a consciência, cada vez se encontra mais apagada. Por maior que seja a asneira, passa-se adiante com o mais calmo dos sorrisos. Afirmar, num pseudo programa cultural, que Antero de Quental foi um prestigiado futebolista de Os Belenenses, nenhuma amolgadela faz em quem proferiu tal calinada. Nem sequer se ruboriza por fora, quanto mais por dentro! "Para outra vez há-de acertar, não se preocupe"- ouve-se a voz indulgente do perguntador, quase a pedir desculpa a quem proferiu a asneira... Não se pode traumatizar ninguém, ora essa!

Por que não há-de a memória, na idade própria, representar um papel mais relevante? Houve de facto uma quase diabolização dessa capacidade que só ao homem pertence. Há razões: o uso e abuso da memorização no ensino de antanho. Nem muito ao mar nem muito à serra... Se, porém, não se criarem mecanismos automáticos na idade certa, havemos de continuar, alegremente, a assistir a sucessivas reformas educativas, qual delas a *mais mal* cerzida.

Recapitulando:

1 – *Tão-só* – apenas, somente (ò), unicamente.
2 – A necessidade de fazer uso da memória, sobretudo na idade própria (seis/sete anos). Sem ela, não haveria comunicação entre as pessoas. O homem é um animal de memória.
3 – A indispensabilidade de adquirir *mecanismos automáticos* na idade certa, sem o que a pessoa não consegue situar-se no mundo da língua, nem da natação, muito menos no da História – *tão-pouco* no seu tempo...
4 – A não consistência no erro cometido, o que dificulta seriamente (è) a aprendizagem do que se convencionou considerar correcto.

AO ENCONTRO *DE*
DE ENCONTRO *A*

Li um dia num *blogue* que, na blogosfera, a Língua Portuguesa seria muito *mais bem escrita* e *bem tratada* (<u>nunca melhor escrita</u> ou <u>tratada</u>) do que em outro sítio qualquer, incluindo livros, jornais e outro material impresso – cartazes de propaganda e similares...

Claro que isto é uma autêntica *blague*! Ou, lançando mão de um provérbio: presunção e água benta... Sei que existem *blogues* bem redigidos cujos autores utilizam uma linguagem limpa de insultos gramaticais e de farpas ortográficas.

Não se pode exigir, porém, que uma despretensiosa escrita, quase diária, se transmude num texto de fino recorte literário. Não é escritor quem quer. O que se pede é muito mais simples: que a nossa Língua, uma das mais belas jóias do património ainda não totalmente leiloado em hasta pública, não seja tão maltratada como tem sido, tanto nos meios de comunicação social, como na boca de políticos, estudantes, doutores, ministros de edução, locutores da rádio e da televisão...

E não me venham com a ideia simplista e mais que comum de que, num texto, o que mais interessa são as ideias e não a forma em que elas são vazadas.

Se *çapato*, por exemplo, for grafado, num exercício, não se entende o que o aluno quis dizer? Ora essa que sim! Então, *prontos*, para que se há-de massacrar o aprendiz que, se calhar, será mestre dentro de alguns anos?

A forma e o conteúdo, como sói dizer-se, não são partículas separáveis como as de alguns verbos da Língua Alemã. Muda-se a forma e o conteúdo altera-se por simpatia. Dou um exemplo que constitui um erro muito generalizado, quer na escrita, quer na oralidade: *ir ao encontro de* e *ir de encontro a*.

Muito boa gente letrada não sabe distinguir o significado de ambas as expressões e empregam-nas, sem qualquer critério, causando assim muitas confusões.

Se alguém me diz ou escreve: "A prática governativa vai *de encontro* às aspirações do povo", eu, desconfiado, pergunto: "Quer então dizer que a prática governativa não contempla as aspirações do povo?"

A resposta é quase sempre: "Não, quis dizer o contrário." Nessa altura, sou obrigado a corrigir: "Então devia ter dito: A prática governativa vai *ao encontro* das aspirações do povo."

Muda-se a forma e altera-se o conteúdo. Do mesmo modo, "o cão mordeu o dono" não será o mesmo que "o dono mordeu o cão".

Há quem não goste de ser corrigido. Está no seu pleno direito. Assim como tenho todo o direito, e o dever, de chamar a atenção. E por aqui me vou quedar.

Recapitulando:

1 – As duas expressões *ir ao encontro de* (concordar) e *ir de encontro a* (ao arrepio, contra) não raro são confundidas por falantes que tinham por obrigação não cometer tais deslizes: As minhas ideias sobre política *vão ao encontro das* tuas (estou de acordo com elas). Vou *de encontro* àquilo que pensas sobre este assunto (estou em desacordo contigo).

2 – Forma e conteúdo são inseparáveis: *Ele está dormindo* ou *ele caiu num sono profundo...* Parecem ter o mesmo sentido. Se analisarmos bem, verificamos que há uma diferença: no primeiro caso, essa pessoa pode ter um sono leve. No segundo, não! Dorme como uma pedra. Está *sepultado* no sono...

TÃO-SÓ E TÃO SÓ

Um amigo meu costuma afirmar que as gralhas são obra do Mafarrico. Fá-las pousar nos escritos ou nos livros já depois de impressos.
Deixo aos ateístas/teístas (*tão-só* uma questão de prefixo) o mester subtil e transcendente de provarem, negarem ou desaprovarem a existência dessa entidade satânica bem como a minha inopinada incursão em domínio tão coutado, monopolizado e resvaladiço...
Sentia-me, porém, *tão só*, em meu sótão aconchegado, que *lancei da mão à tecla* para escrever estas mal alinhavadas regras...
Costumava ser este o intróito das cartas que nalgum tempo se enviavam para as terras da emigração. Mas havia uma ligeira (enorme) diferença: "*Lancei da mão à pena* para saber da tua saúde, que a nossa ao escrever desta vai boa graças a Deus, pois José estamos pràqui à conta de Deus..."
Destarte, e matando dois coelhos, respondo a alguém que me pergunta a razão por que se escreve *tão-só* e não *tão só*. O advérbio e o adjectivo estão correctos, se empregados em diferentes contextos, naturalmente com sentidos distintos: "Ela encontra-se *tão só*

(sozinha) naquele casarão, que desfruta *tão-só* (apenas) da calada companhia dos livros." A frase é forçada, mas espero que, através dela, se consiga diluir a dúvida.

A língua, não raro, espelha uma determinada conjuntura histórica. Nas frases antecedentes há disso um claro exemplo: *lancei da mão à tecla* e *lancei da mão à pena*. A primeira traduz o choque tecnológico que tão esganiçadamente tem vindo a ser vitoriado, no actual contexto eleiçoeiro, com foguetes de várias respostas. A segunda reflecte a inércia de um tempo em que as coisas e as gentes se lesmavam em trilhos (des) cansados, todavia penosos para quem ousava abalançar-se a tanger a vida, o gado, o sacho, o arado, os rebanhos e os filhos.

Daí ser a carta o meio mais veloz de encurtar a lonjura que o mar cavava, do mesmo passo que abria, para outras estações da via-sacra, novas veredas fatigantes e tressuadas que (des) orientavam os que não tinham o pão-nosso de cada dia...

Se esse tempo for coado por uma memória afectiva dotada de filtros cor-de-rosa, transfigurar-se-á em deleite. Enganosamente gostoso. O leite. Perdão, o deleite. Daí até afirmar-se que "naquele tempo reinava a paz e o sossego, a obediência e a alegria, pouca fartura mas muita felicidade" vai um passo de formiga. E uma vez dado, produz esta maravilha fatal da nossa idade amadurecida ou já em vias de apodrecimento: "No meu tempo era tudo tão diferente e tão bom! Os professores professavam; os alunos aplicavam-se; os ladrões, de uma irrepreensível honestidade; as putas, virgens santas..."

Este consolo *em face do* (*perante o*, não face ao) passado não deixa de ser sentido e de constituir, na essência da memória, uma verdade genuína! Já se *entrevê*, no horizonte, a ceifeira de gadanho nas unhas! Por isso, sabe bem este asilo ou exílio no *illo tempore*. Humano e natural!

Recapitulando:

1 – *Tão-só* **ou** *tão-somente* **(advérbio) significa** *unicamente, apenas*, **como já foi referido.**

2 – *Tão só* **(adjectivo) ou** *tão sozinho/a* **significa** *solitário/a*. **Basta um** *hífen* **para se alterar o significado de uma expressão... Na Ilha do Pico, e de um modo geral no Grupo Central, ouve-se** *tanto sozinho, tanto bonito, tanto solitário*. **O teu neto é** *tanto* **lindo!**

3 – A língua espelha o contexto histórico: *escravo, servo da gleba, criado, operário, assalariado*, **com ou sem recibos verdes,** *empregado, funcionário...* **E agora** *técnico* **ou** *auxiliar*: *técnicos de limpeza* **para os homens do lixo;** *auxiliares de educação* **para os antigos** *contínuos* **ou** *contínuas*. **No fundo, e embora não haja sinónimos perfeitos, espelham mais ou menos a mesma condição social e económica...**

4 – *Lancei a mão à pena; lancei a mão à tecla...* Reflectem duas épocas historicamente distantes, como já foi apontado na devida altura.

"ÁGUA-VAI"

Ele saiu sem dizer "água-vai". É uma frase que toda a gente entende. Saiu sem aviso prévio, sem *tir-te* (*apócope* do imperativo da segunda pessoa do singular do verbo *tirar*) nem *guar-te*, despediu-se à francesa, saiu de fininho...

O que nem toda a gente saberá é a causa que motivou o uso da expressão *sem dizer água-vai*.

Regressemos num pulo ao século XVII, princípios do seguinte. Existia nas ruas principais da capital do Reino uma valeta no meio do pavimento, sorte de canal de rega, para o qual se atiravam (*se atirava*) despejos fecais líquidos e *meio* sólidos...

Nas casas, incluindo as nobres, não havia quartos de banho, ou melhor, retretes. As necessidades fisiológicas eram "obradas" em penicos de loiça, com rebordos fortalecidos para que o assento mimoso não ostentasse vergões vermelhos ou arroxeados, consoante o tempo que se permanecesse nesse trono de efémera glória...

Outros penicos seriam altos como chapéus aristocráticos. E possuíam tampa. Tinham maior capacidade volumétrica, para que se pudesse ir enceleirando as imundícies fisiológicas e evitar-se, assim, a canseira de as despejar diariamente. A talhe de foice, ocorreu-me um adágio que reza assim: "Cada cabeça com seu chapéu, cada penico com sua tampa (ou *trampa*?) "...

Nas casas mais ricas, trabalhavam *sopeiras* e criadas de quarto (agora são todas funcionárias, ou técnicas de limpeza e de culinária, mas tudo vai desaguar no mesmo rio triste). As de quarto, também de dentro designadas, estavam *encarregadas* (não <u>encarregues</u>) das limpezas das alcovas e dos salões de seus amos. Daí que, em sabedoria proverbial, se declare: "não há grandes homens para criados de quarto". O criado que via Napoleão em trajes menores decerto que renegava o império e o seu imperador...

Conhecem as fraquezas humanas de seus amos e senhores, já os viram em cuecas ou em ceroulas, a mais caricata posição de um homem, sobretudo quando se posta diante do espelho...

A estas raparigas da província pertencia o encargo de fazer os tais despejos. Para se não darem ao trabalho de descer à rua, atiravam-nos da janela para a tal valeta (que pontaria!), mas tinham o cuidado de preceder o arremesso do pregão: "água-vai!".

A isso passaram a ser obrigadas por disposição régia. Desta forma haveria tempo de sobejo para que um cidadão desprevenido se escapulisse. É de supor que a *postura* (deliberação, geralmente cometidas às Câmaras Municipais) régia terá sido promulgada como resposta a algum peralvilho baptizado com águas tão lustrais.

Havia um fundo fedor por toda a banda: nas casas, nas ruas, as próprias pessoas de ambos os sexos, da alta e da baixa roda, tresandavam e eram frequentadas por piolhos...

Pairava uma imensa e fedorenta nuvem que envolvia e afogava as cidades e os campos. Aconselho-vos a ler *O Perfume*, de Patrick Süskind. Não vos arrependereis. Garanto-vo-lo.

Já me delonguei *de mais*. *Tenho de* terminar, embora *tivesse* ainda muito *que* contar. Porém, hoje não me é possível. *Tenho* muito *que* fazer!

O Quim *aguarda-me*, isto é, está esperando *por* mim há cerca de duas horas. Não faz mal. Que espere. A semana passada *aguardei notícias* dele, e nada (e não <u>aguardei por</u>). Nem sequer me telefonou. Quer que o ajude a tirar umas dúvidas. O costume.

O Quim é o Joaquim. La Palice a intrometer-se. Espero que lhe não dê uma *síncope*, como aconteceu a um sargento-mor de um Regimento, em plena parada, por nesse dia de Juramento de Bandeira se ter feito sentir um calor *mui* intenso e abafado... Assim, temos *aférese* (*Quim* por Joaquim); *síncope* (*mor* por maior) e *apócope* (mui por muito).

Recapitulando:

1 – Expressões ainda hoje utilizadas pelas pessoas que nem sequer conhecem a sua origem, como o

caso de "água-vai", que tem um significado histórico, isto é, utilizado em determinada época com outro significado.

2 – Nomes de profissões que ao longo dos tempos foram tomando outras formas que não outros significados: servo, criada-de-servir, empregada doméstica...

3 – *Postura*. Tem diversas acepções: a mais antiga deve ser *deliberação* de um Município; depois *postura* referente aos ovos que as galinhas põem durante um certo período; *postura* como certa posição do corpo; actualmente, usa-se e abusa-se deste vocábulo para indicar atitude em sentido figurativo... Tive um professor na Universidade que embirrava com esta palavra. "*Postura*, dizia ele, pertence às galinhas, minha senhora!" Como admirava esse professor pela sua sabedoria não só na Língua Portuguesa, também me arrepio quando ouço um político a proclamar na televisão que o governo tem tido uma boa *postura*! É natural, trata-se de um autêntico galinheiro...

4 – Vocábulos abreviados ou quedas de fonemas que se utilizam na linguagem corrente, como *Tó* por António, *Quim* por Joaquim, *mui* por muito (nas Ilhas ainda se usa), tir-te por *tira-te*; a estas abreviações chama-se *aférese*, *síncope* e *apócope,* respectivamente. Todas as palavras grafadas no texto em *itálico* serão objecto de análise posterior.

"A MINHA ÓPTICA"

No nosso país, rara será a pessoa prendada com *uns gramas* de "estatuto cultural", chamemos-lhe assim para facilitar, que não seja proprietária de uma óptica. *Na verdadeira ascensão da palavra*, como escreveu um aluno da Faculdade de Letras, num exame escrito de Introdução aos Estudos Literários – a expressão *na minha óptica* significa maneira de ver, ou opinião sobre um tema particular, normalmente da área política, matéria que, juntamente com a das doenças, qualquer português de gema se vangloria de ser perito nato...
 Em qualquer cidade, há sempre uma óptica esperando por nós. O Zé Óptica; o Imperador ou Imperatriz ou ainda o Rei da Óptica, a Óptica da Moda, as Multiópticas, *etcœtra*.
 No *etcœtra*, encontro-me eu, encolhido, mas munido da pia intenção de fazer um sério aviso à marinhagem masculina: "Tomai cuidado nas grandes superfícies; há certos ingénuos que entram numa dessas lojas na mira de medir a tensão ocular, à borla, como lá se garante, e saia depois com uma nova *aparência* e muito mais leve – lentes e armações novas do trinque e uma despesa calada de centenas de euros. É que as jovens "doutoras"

que por lá cirandam só usam bata branca abotoada à frente por riba do corpinho bem feito, os três botões de baixo negligentemente desabotoados, o que logo torna a intermitente visão panorâmica propícia à abertura dos cordões a qualquer bolsa, concreta ou figurada...

Se eu tivesse uma *óptica*, tal aliciamento erótico seria reforçado... Mas, como não sou proprietário de nenhuma, sou de opinião ou de parecer contrário – a Elvira *patroa* e a Elvira *costureira,* monólogo/diálogo da grande actriz Ivone Silva, num programa televisivo... Como patroa, era exigente e pagava pouco; como costureira reivindicava melhores condições.

Ao desembarcar, antes de umas eleições realizadas num mês de Fevereiro, no Aeroporto das Lajes, Ilha Terceira, ouvi um senhor, em puro terceirense, dizer esta maravilha: "Cá na *minha óptica*, o nosso primeiro-ministro é um *cu* de duas fraldas!"

Perdoei-lhe a *óptica* pela delícia do achado linguístico, muito utilizado naquela Ilha: *Cu de duas fraldas* – pessoa que diz uma coisa e faz outra, ou vice-versa, ou não cumpre o que promete.

Recapitulando:

1 – **A expressão** *na minha óptica* **é forçada e denota um certo** *snobismo* **para ser utilizada no dia-a-dia. Melhor será dizer-se ou escrever-se: Na minha** *opinião*, **no meu** *parecer*, **no meu** *juízo*,

quanto a mim... É mais simples e toda a gente entende. Agora também se ouve muito: no meu *entendimento*, na minha *percepção das coisas*.

2 – *Cu de duas fraldas*: expressão tipicamente terceirense, que significa pessoa de duas caras, que diz uma coisa e faz outra. Nas Ilhas, sobretudo na de São Miguel, existe um léxico riquíssimo. Escreveu Paiva Boléo, Professor de Linguística da Faculdade de Letras de Coimbra, que, se alguém tivesse curiosidade de ouvir como se falava no Portugal de quinhentos, fosse a São Miguel. O *thesaurus* lexical dessa Ilha veio em boa parte do Alentejo e do Algarve, e por lá permaneceu, intacto, enquanto o Português das grandes cidades do Continente português ia evoluindo. Nos nossos dias já se vai perdendo cada vez mais este casticismo da língua – as distâncias praticamente não existem e os meios de Comunicação Social encarregaram-se do resto...

TER *QUE* E TER *DE*

Desta feita, *tenho* mais algumas coisas *que* vos dizer. Por isso, e antes que me passe da ideia, *tenho de* as escrever imediatamente no ecrã do computador. Como já adivinhastes, irei de novo escrever, com mais detença, sobre *ter de* e *ter que*.

Ainda que haja interferências, *tenho para mim que* o primeiro ou, melhor, tenho a *certeza de que* quando se utiliza a preposição *de*, estão subentendidos dever, necessidade ou obrigação. Sempre que tal aconteça, não se aconselha a usar *ter que*.

"Actualmente, pouco ou nada *tenho tido que* fazer, *tão-só* um trabalho de três horas duas vezes por semana; ganho muito pouco, e uma vez que não *tenho aonde* cair morto não posso dar-me ao luxo de ficar neste banho-maria durante muito mais tempo. *Tenho* necessidade *de* conseguir um trabalho a tempo inteiro. Caso contrário, nunca mais passo da cepa torta. E quem não *tem por onde* ganhá-lo, nunca mais na vida *tem com quê*...

Na Língua Inglesa, existem dois verbos que exprimem necessidade e obrigação: o defectivo *must* e o verbo *to have to*. Não são intermutáveis, a menos que se trate do pretérito perfeito, em que *must* tem de ser substituído por *had to*, uma vez que o defectivo não possui esse tempo verbal. *I must go to the Campus today. I had to go to the Campus yesterday.* Mesmo no indicativo presente, há diferenças psicológicas na sua utilização.

Se eu disser *I must go now*, não será o mesmo que *I have to go now*, embora em português ambas as frases se traduzam da mesma maneira: tenho de me ir embora já. Se no presente se usa *must*, significa que a obrigação e a necessidade estão dentro da pessoa que fala. Tenho (*I must*) de ir embora neste momento, significa que já é tarde *de mais* e *demais a mais* não gosto de me deitar a horas pequenas. Em tenho de ir embora (*I have to*), está implícita uma obrigação exógena. Por exemplo: o último autocarro parte à meia-noite e só faltam dez minutos e se o não apanhar *terei de* ir, a pé, porque a minha casa fica muito longe daqui.

Na primeira frase, sou eu que sinto necessidade ou obrigação de ir embora. Quero chegar a casa a horas civis, para, no dia seguinte, sair fresco para as aulas ou para o trabalho. Na segunda, a obrigação é-me imposta: o horário do autocarro impede-me de ficar mais tempo a passar o serão com os amigos, e eu que de bom grado até ficava até mais tarde...

Com a mente em canseira tamanha, mal *me tenho nas* pernas! E podeis crer que *me tenho por* uma pessoa rija de ânimo. Mas, se continuar *falidinho* de cabeça

(*fraco* – termo açoriano, que também significa *magro*), não tenho outra alternativa que não seja a de consultar um médico amigo.
Na semana passada, bem outra foi a *consultação*. Vesti a pele de *consulente* à beirinha da terceira idade, peguei *de* mim (ou *em mim*) ao colo e desloquei-me a uma Loja do Cidadão. Dirigi-me à *consultadoria* da secção de Viação e Trânsito. Aí, pedi informações sobre a carta de condução que *terá de* ser renovada até princípios de Setembro. Prerrogativas da idade!
Os funcionários que operam nesta nova instituição receberam treino e formação adequados, com o primordial objectivo de prestarem (ou *prestar*), com competência e solicitude, *consultadoria* ou *consultoria* a todo e qualquer cidadão que deseje ser esclarecido sobre qualquer assunto da nossa tão portuguesa e empanzinada burocracia, já com *simplex*. E têm-no conseguido. Nem isto sequer *tenho que* dizer – fui atendido com muita afabilidade, ao contrário do que se passava nas velhas repartições públicas, nas quais grande parte dos funcionários não *conseguia* (ou não *conseguiam*) prestar um atendimento condigno. Nem o podiam fazer, por mais que tentassem: eles próprios tinham pouco préstimo, e apesar de se terem na subida conta de altos dignitários, não passavam de déspotas de meia-tigela. Ao invés, os novos trabalhadores das Lojas do Cidadão têm de um modo geral desempenhado bem o papel. Poder-se-á dizer que *se trata* de autênticos *consultores* ou *consultadores*. Até dá gosto sentir necessi-

dade de lá entrar. Ao menos, e durante alguns momentos, sente-se uma pessoa cidadã de pleno direito. Fui mesmo maçudo. Mas não *tive* mão *em* mim!

Recapitulando:

1 – As diversas acepções do verbo ter. *Ter de* implica obrigação: *Tenho de estudar*, caso contrário ainda perco o ano. Porém, *tenho* muito *que* estudar para o exame; *tenho muito que* te contar. *Ter-se nas pernas* (ele já não *se tem* nas pernas, está velho). *Ter mão em si* (o António disse cobras e lagartos do irmão e este não *teve mão em* si que não lhe desse um grande *picadeiro* (palavra micaelense que significa muita pancadaria). Embora quase sempre intermutáveis, será fácil distinguir *ter de* de *ter que*: *tenho de* fazer este trabalho para o entregar amanhã; *tenho* muito *que* fazer ultimamente: "Gira já daqui para fora, que *tenho mais que* fazer..." Não *tenho* isto sequer *que* dizer dela, vê-se logo que não tem *pitafe* (Açores), ou *pitafo*, como se diz no Alentejo. Trata-se de uma corruptela de *epitáfio*, que, neste contexto, significa qualquer coisa que fica para sempre inscrita numa pessoa ou num objecto: aquela rapariga tem *pitafe* (o). Quando veio a tropa do Continente para a minha freguesia, durante a Segunda Grande Guerra, a Maria Antónia deixou-se ir nas falas mansas e bem pronunciadas do rancheiro, e

este, ao regressar ao Alentejo, de onde viera *integrado no* Regimento de Infantaria 3, deixou-lhe um filho na barriga. Ela nunca mais arranja amparo, coitada. Esta comida tem *pitafe* (*o*) – já está ficando azedinha.

2 – **Palavras que se podem dizer de duas maneiras:** *consultadoria* **ou** *consultoria*; *consultor* **ou** *consultador*.

"PARA O DIABO QUE TE CARREGUE"

Creio que se escreve e fala um tanto ou quanto pior do que há um século. Sem *atrás*. Há um século *atrás* será o mesmo que dizer *entrar para dentro*, *sair para fora*, *subir para cima* e *descer para baixo*. Tautologia ou redundância! Era outro tempo, mais lento e certas classes sociais primavam por bem falar e melhor escrever. Veja-se os romances do século XIX até meados do seguinte. Claro que há excepções, como em tudo.

O que poderá causar a ideia de se escrever ou falar pior do que naquele tempo talvez resida no número cada vez mais elevado de falantes que cometem erros estúpidos por influência dos média, sobretudo da TV e das personalidades que lá vão botar palavra política. Tais entidades de visibilidade assegurada vão, com as suas falas claras, sonoras e floreadas, influenciar, por seu turno, milhares de telespectadores numa cadeia sem fim...

E não me venham dizer que se trata da evolução da língua! Como todo o corpo vivo, ela cresce e desenvolve-se. Mas o progresso e o crescimento não devem alicerçar-se sobre a asneira! Basta um locutor dizer: "Aguardamos pela ligação (deve dizer-se *aguardamos ligação*) ao nosso correspondente em Washington", para, nos dias seguintes, se repetir a calinada: "Estou aguardando pela saída da lista da colocação dos professores." Esperar *pela* lista, *aguardar a* lista... E se o mesmo locutor proclamar que "o exército americano *tem morto* muitos iraquianos", as pessoas repetirão tem *morto* em vez de *matado*. O exército americano tem *matado* muitos civis inocentes tanto no Iraque como no Afeganistão...

Nas zonas rurais, esse erro raro acontecia, pelo menos nas Ilhas e no Brasil. Aí, quase nunca se ouve: "sicrano tem *empregue*, na sua empresa, muitos jovens em busca do primeiro trabalho"; mas, sim, tem *empregado*. *Empregue* nem sequer existe como particípio passado, *tão-só* (unicamente), como presente do conjuntivo! Para que se *empregue* a palavra certa, é por vezes necessário consultar um bom dicionário de sinónimos. Nem nessas zonas se ouvia: fulano tem *ganho* muito dinheiro, mas *ganhado*: ele tem *ganhado* fortunas na terra da América.

E sempre que o locutor da rádio ou da televisão, ao terminar a mesa-redonda, agradece aos seus convidados: "Muito obrigado por terem *aceite* o nosso convite", se fosse patriota da língua, deveria dizer *aceitado*! Quase todos os locutores são, neste domínio, traidores à pátria da língua. Dizem: agradeço-lhes por terem *aceite,* quando deviam dizer *aceitado* o nosso convite! *Do que gosto* mais, porém, é do "tenha uma boa noite!". Anglicismo evitável, quando temos no português velho e relho "boa noite, senhores telespectadores!"

Os verbos *encarregar* e *carregar* constituem igualmente uma inesgotável fonte de erros. Tal como no verbo antecedente, não existe nem *encarregue* nem *carregue* como particípios passados (encarregado, carregado). Sempre que ouço alguém: "O meu filho está *encarregue* da contabilidade da empresa onde trabalha", dá-me logo vontade de exclamar: "Vai para *o diabo que te carregue*."

Com o verbo *entregar*, é diferente – tem dois particípios, *entregue* e *entregado*: "A encomenda que recebi da América foi-me *entregue* por mão própria; o parente que ma mandou, tinha-a *entregado* na véspera a um conhecido que embarcava, nesse dia, do aeroporto de Boston."

Nalgum tempo, eram sempre bem-vindas as encomendas remetidas da terra da América. Hoje em dia, já não é tanto assim. Bom sinal!

Recapitulando:

1 – Não se deve dizer *há três anos atrás*; **como se referiu, o** *atrás* **está a mais, é uma tautologia ou redundância. Deve dizer-se ou escrever-se** *há três anos* **ou** *três anos atrás*.

2 – Em Português há verbos com duplos particípios passados – o *regular* **e o** *irregular*. **Os regulares conjugam-se com o verbo** *ter ou haver*, **quando este significa** *ter*. **Exemplos:** *entregar*: *entregado*, *entregue*: a carta *foi-me entregue* em mão; o carteiro *tem-me entregado* cartas todos os dias.

Outros verbos com duplo particípio: *acender, acendido, aceso* – a lareira está *acesa*; *tenho acendido* a lareira todas as noites... Desenvolver, desenvolvido, desenvolto – o governo não tem *desenvolvido* o país; o rapaz está mais *desenvolto*. Distinguir, distinguido, distinto: ficou *distinto* no exame, tem-se *distinguido* na sua profissão. Extinguir, extinguido, extinto – o fogo *foi extinto*; os bombeiros *têm extinguido* muitos fogos durante a época a eles consagrada. Eleger, elegido, eleito – o povo *tem elegido* o mesmo partido; o governo *é (foi, será) eleito* pelo povo. Ganhar, ganhado, ganho – o jogo *foi ganho* com muita justiça; ele *tem ganhado* rios de dinheiro na bolsa. Gastar, gastado, gasto – ele *tem gastado* muito dinheiro em compras sumptuosas – dinheiro muito mal *gasto*. Imprimir, imprimido, impresso – *a* tipografia *tem imprimido* os livros com rapidez; o meu livro *será impresso* na próxima semana. Despertar, despertado, desperto – *tenho despertado* cedo todas as manhãs, mas só depois do banho frio é que *fico* mesmo *desperto*. Converter, convertido, converso – as novas seitas *têm convertido* muita gente para as suas fileiras; os que se convertem são *conversos*. Incluir, incluído, incluso – a empresa *tem incluído* despesas ilícitas na sua contabilidade; na carta vai *inclusa* uma fotografia minha. Corromper, corrompido, corrupto – a sociedade *tem corrompido*

muitos jovens; muitas empresas *são corruptas*.
Enxugar, enxugado, enxuto – ela *tem-lhe enxugado*
as lágrimas; o chão já *está enxuto*. Limpar, limpado,
limpo – o varredor *tem limpado* a rua, *ficou limpa*.
Benzer, benzido, bento – o padre *tem benzido* o pão
do Espírito Santo; o pão *ficou bento*. Cegar, cegado,
cego – *tinha cegado* aos vinte anos, mas com uma
operação deixou de *ficar cego*. Absorver, absorvido,
absorto – a terra *tem absorvido* a chuva que tem
caído; o João *está sempre absorto* em seus pensamentos, *etcœtra, etcœtra*.

Torna-se necessário reter o seguinte: com o verbo
ter utiliza-se *sempre* o *particípio passado regular*
(o que termina em *ado* e *ido*. Com *ser, ficar, estar*
usa-se o *irregular*. Nada mais simples!

ABERTO, *ABRIDO*, MORTO, MATADO...

Nunca considerei mal *empregado* (nunca mal empregue) o tempo em que me pasmo diante do computador! Mesmo que se dê o caso *de as* (e não das) palavras se não dignarem comparecer à boda nupcial sempre pronta nos rodízios da emoção... Se fogem, ponho-me em cata delas. Se as não encontro, *aguardo-as*. Longa é a espera. *Esperar pelas* palavras ou *pela* chuva pode tornar-se num gólgota. Que o testemunhem os Poetas e os que andam pelos campos áridos e mirrados, pedindo a Deus a sua gota de água, como diria Florbela, a torturada da *Charneca em Flor* alentejana. As orações não enxugam as lágrimas que nascem dos olhos. Nem Deus as tem *enxugado* (e não enxuto) a este povo de olhos *enxutos* e caídos no chão. Há séculos! Nem *tão--pouco* a meteorologia em que ele não acredita por ser agnóstico em matéria científica.

Tantas sensações novas tenho eu *ganhado* nesta incessante demanda! Na busca mora a ventura. E a aventura. A Demanda do Santo Graal! *O Código da Vinci*! A guerra nunca está *ganha*, só algumas batalhas. Quem pensa o contrário debilita-se e estiola o Verbo, o princípio de todas as coisas. O *Logos*! E embora se *entregue* inteiro a este arrojado lavor, nunca o Poeta conseguirá aportar à palavra sucinta, aquela que, dentro do sôfrego sistema semântico, consiga gritar a totalidade do ser. Ao Poeta só é lícito transpirar, para que *empregue* a palavra mais harmoniosa. Para que fique bem *empregada*!

No horizonte aberto e limpo, o Sol já bulia. Em descampado azul, exibia-se o céu. Dava a ideia *de que* uma vassoura gigante o tivesse *limpado* de lés-a-lés. Através dos vidros da janela, à esquerda da minha mesa de trabalho, ia-o sorvendo na lentura da escrita. Namorei algumas estrelas pândegas ainda *acesas*. Esqueceram-se de que o dia estava já pedindo licença para entrar na *l(ab)uta*. Ficaram *ocultas* pouco depois. As estrelas! A luz do Sol, alumbrada e ofuscante, havia-as *ocultado* de tal arte que elas se apagaram em sono ou sonho *nítidas como estrelas ao meio-dia* – assim escreveu um Poeta, num verso fingidamente enigmático.

Eu já tinha *acendido* a lareira movida a gás: intenso se expressava o frio, em gume de lâmina – não só cortava a pele de fora como sobretudo a de dentro. *Desabrido*. Apetecia-me sentir (ou apetecia *sentir-me*) aconchegado e seguro. Só assim tenho o bastante *à-vontade* para aconselhar a rota do voo que as palavras poderão tomar. Mas nunca me sinto *à vontade* antes de descolarem... Gosto de me abrir com elas. E elas também se têm *abrido* comigo. Como os céus da Ilha. Abrem-se em relâmpagos. Sinal não me lembra agora de que presságio. As coisas não são só matéria, não. Trazem sinais no ventre. Há quem saiba lê-los, deslindá-los. Diz quem sabe: *ultimamente os céus têm-se abrido quase todas as tardes; é sinal de chuva ou vento, de trovoada ou abalo*! Para quando? Ninguém adivinha. Sinais *desabridos*. Assim conjecturavam os Puritanos também. Coisas do *arco-da-velha*! O arco-íris da Velha Aliança, celebrada entre Jeová, o patriarca Noé e a sua descendência! Escriturada num dos livros do Velho Testamento. O Génesis. A Bíblia. As Sagradas Escrituras. O Livro dos livros. Ámen!

Recapitulando:

1 – Neste texto contextualiza-se alguns particípios passados duplos, já referidos anteriormente.

2 – Os verbos *esperar por* e *aguardar* (sem preposição), ao contrário do que se ouve e lê por aí. Ambos significam o mesmo, mas só um se rege pela preposição *por*. *Espero por* ti no jardim, mas antes *aguardo* um telefonema teu.

3 – O particípio passado *abrido* já não se usa. José Régio utiliza-o em alguns dos seus romances. Se há *desabrido*, porque não *abrido*? Basta retirar o prefixo *des*...

DOIS TEXTOS IGUAIS ESCRITOS DE FORMA DISTINTA

Proponho-vos dois textos. O primeiro, escrito em estilo *pós-moderno*, descomplexado, como sói dizer-se, sem outras preocupações que não as do entendimento imediato, sem rigor na construção, inçado de deslizes semânticos e sintácticos. O segundo foi redigido de acordo com as normas gramaticais, as quais, como podereis averiguar, são mais fáceis do que a asneira compendiada, em vários volumes, e que todos os dias nos entra em casa através dos média! "Horrível" – estou já a ouvir alguém mais relapso a normas, bichanando-me por entre as páginas deste livro. O costume. Sempre que se fala em regras e, para cúmulo, gramaticais, a guerra incendeia-se na capoeira. A velha questão do trauma infantil, cantilena cada vez mais generalizada no ventre sagrado das associações de pais e *demais* parentela chegada. As criancinhas só podem aprender brincando, para que a escola se torne apelativa e motivante. Só assim haverá a *garantia de que* a infantilização chegue até a uma idade adulta adiantada, para descanso eterno de papás e de mamãs torturados e aflitos!

Estou *convencido de que* o segundo texto vai *de encontro* (ao arrepio) ao neoliberalismo linguístico em vigor neste desleixado tempo português. E cada vez mais vicejante e de pernas ainda mais abertas. Linguísticas, é bom que se diga! Vou sublinhar o que está menos bem no primeiro texto. *Apelo para* os leitores, no sentido de cotejarem (ou *cotejar*) as duas versões, se para tal tiverem tempo, descanso e paciência... Trata-se, estou disso convencido, de um exercício que vai *ao encontro das* preocupações dos que ainda se interessam por estas nugas linguísticas, por amor à Pátria da Língua Portuguesa!

Acordei logo de manhã com a garganta a doer e a tossir. – "Constipei", pensei ainda meia estremunhada. Na noite anterior *fui* a um concerto de uma banda *rock* e apesar dos bilhetes esgotarem, pedi para me entregarem o que reservei na antevéspera por telefone. Em termos de temperatura, a sala estava quente demais. E piorou ainda quando a porta fechou. Integravam a orquestra alguns músicos da antiga União Soviética, que vieram para Portugal com uma mão atrás e outra adiante, a maior parte para a construção civil. Com o decorrer do tempo, muitos procuraram, mas poucos conseguiram arranjar emprego de acordo com as suas capacidades e habilitações que tiraram nos seus países de origem. Não foi tarefa fácil. Apesar de terem entregue todos os documentos e diplomas necessários à sua legalização, a burocracia portuguesa, que desde sem-

pre tem <u>empregue</u> métodos obsoletos, demorou tempo <u>demais</u> a dar-lhes uma resposta e em alguns casos nem se dignou responder. Se pensarmos que <u>somos</u> desde sempre um povo de emigrantes, é triste <u>constatar</u> que a nossa <u>postura face aos</u> imigrantes de Leste, <u>em termos de acolhimento</u>, deixa muito a desejar. E por mais que se <u>apele à</u> compreensão dos patrões, pouco ou nada se consegue, porque eles só cobiçam <u>mão-de-obra</u> barata para <u>usufruírem</u> mais lucro. E com esta lengalenga já <u>ia-me</u> esquecendo do concerto. <u>Teve lugar</u> numa discoteca <u>*frente ao*</u> Jardim Municipal. A dada altura as pessoas <u>perceberam haver</u> fumo na sala. <u>Tratavam-se</u> de vários <u>curtos-circuitos</u> eléctricos. <u>Antes das</u> labaredas começarem a devorar o recinto, os bombeiros desligaram o quadro eléctrico e a seguir <u>evacuaram toda a gente da sala</u>. Quando me apanhei na rua, sã e salva, vi que as minhas amigas <u>aguardavam por</u> mim na esquina do Café Central. Olhámos umas para as outras, sem palavras, e <u>fomos-se</u> embora cada uma para suas casas. As janelas da sala comum estavam <u>meias</u> abertas, <u>sinal que</u> os meus pais ainda não tinham chegado do passeio. Não ganhei para o susto. Um dos que mais <u>mexeu</u> comigo...

Acordei logo de manhã com a garganta a doer e a tossir. "*Constipei-me*", pensei, ainda *meio* acordada. Na noite anterior havia ido a um concerto de uma banda *rock* e, apesar *de os* bilhetes *se* terem *esgotado*, pedi *que me entregassem* o que eu *reservara*, por telefone, na antevéspera. *Quanto à* temperatura, a sala estava quente *de mais*. E piorou ainda quando a porta da sala *se fechou*. A orquestra *era integrada* por alguns músicos da antiga União Soviética, que vieram para Portugal com uma mão atrás e outra adiante, a maior parte deles para a construção civil. Com o decorrer do tempo, muitos procuraram, mas poucos conseguiram arranjar emprego de acordo com as suas capacidades e habilitações que *haviam obtido* nos seus países de origem. Não foi tarefa fácil. Apesar de terem *entregado* todos os documentos e diplomas necessários à sua legalização, a burocracia portuguesa, que desde sempre tem *empregado* métodos obsoletos, demorou tempo de mais a dar-lhes uma resposta e em alguns casos nem se dignou responder-lhes. Se pensarmos que desde sempre *temos sido* um povo de emigrantes, é triste concluir que, *em matéria de* acolhimento, a nossa *atitude em face dos* (perante os) imigrantes de Leste deixa muito a desejar. E por mais que se *apele para* a compreensão dos patrões, pouco ou nada se consegue, porque eles só cobiçam mão-de-obra barata para *usufruírem de* mais lucro. E com esta lengalenga já *me ia* esquecendo do concerto de *rock*. *Efectuou-se* numa discoteca *em frente do* Jardim Municipal. A dada altura, as pessoas aperceberam-se *de que* havia fumo na sala. *Tratava-se* de vários *curto-circuitos* eléctricos. Antes que as labaredas principiassem a devorar o recinto, os bombeiros desligaram o quadro eléctrico, e a seguir *evacuaram a sala de toda a gente*. Quando me apanhei na rua, sã e salva, vi que as minhas amigas *me aguardavam* na esquina do Café Central. Olhámos umas para as outras, sem palavras, e dali nos fomos, cada uma para sua casa. As janelas da sala comum estavam *meio abertas*, sinal de que meus pais ainda não tinham chegado do passeio. Não ganhei para o susto. Um dos que *mais mexeram* comigo...

Recapitulando:

Não obstante haver certos assuntos já explanados anteriormente e a explanar ao longo deste livro, achei por bem repeti-los. Na repetição é que está o ganho!

1 – Os verbos reflexos estão em vias de extinção na Língua Portuguesa. No primeiro texto, escreveu-se: *constipei*, quando devia ser *constipei-me*. A janela *fechou*, em vez de a janela *fechou-se, etcœtra*.

2 – <u>Apesar dos</u>, também é incorrecto. Se dizemos *apesar de*, ao empregar-se os definidos *o, os, a, as*, não se deve aglutinar, sempre que se siga um infinitivo: *apesar de o, apesar de os, apesar de a, apesar de as*: Apesar *de os* governantes *serem* de esquerda, praticam uma política de direita; apesar *de os* funcionários *serem* eficientes, ganham muito pouco. O mesmo com *antes* e *depois*: Antes *de ela sair* (e não *dela*), olha-se sempre ao espelho; depois *de eles jogarem* futebol, tomam banho (não *deles*). Também com *um, uma, uns, umas*: Depois *de uma* sessão de ginástica é agradável *tomar* um bom banho. Antes *de umas* férias no estrangeiro, convém *ler* alguma coisa sobre o país que se vai visitar, antes *de ele chegar*, a mãe preparou-lhe um bom lanche; depois *de eles* se *irem* embora, principiou a trovejar...

Porém, se vêm seguidos de um *substantivo*, deve-se aglutinar: depois *dos* Descobrimentos, antes *dos* Descobrimentos. Apesar *dos* Descobrimentos, Portugal não enriqueceu. Pouco antes *do* abalo, os animais pressentiram-no, porque uivavam e gritavam.

3 – *Esgotar*: ouve-se e escreve-se até à saciedade o verbo esgotar neste contexto: O livro *esgotou* em três dias, quando se devia dizer o *livro esgotou-se em três dias* (nunca *esgotou*). O pessoal das redondezas *esgotou* a sala de espectáculos. Neste caso o verbo é *transitivo* (que pede complemento ou objecto directo): *esgotou o quê?* A sala de espectáculos. Poder-se-ia alterar a frase anterior (do livro que se esgotou em três dias), utilizando *esgotar* como transitivo: Sequiosos, os leitores *esgotaram* o livro em três dias.

4 – *Pedi para me entregarem* o que *reservei* na antevéspera. Dois erros nesta frase: O primeiro é muito comum. *Pedi para me entregarem* não está correcto. Deve-*se* dizer (ou deve *dizer-se*) *pedi que me entregassem...* Meus pais disseram-me *que viesse cedo* para casa e **nunca** *para vir cedo para casa*. O outro erro encontra-se no *pedi* e *reservei* (preté-

ritos perfeitos). A *reserva* foi feita antes. Enquanto o *pedido* foi feito depois. Neste caso, há desigualdade de tempos: o reservar é *anterior* ao acto de *pedir*. Por isso o anterior deve ir para um *passado mais passado* (perdoe-se-me a redundância) do que o *pretérito perfeito simples*: neste caso será o *mais que perfeito simples*. Assim, *pedi* o bilhete que *tinha reservado* (*havia reservado, reservara*) na antevéspera.

5 – *Em termos de*. A língua falada e escrita está saturada desta expressão. Em cada frase há sempre um *em termos de*. Em termos, *sem* o *de*, deve *sempre* empregar-se com um adjectivo: Em termos *futebolísticos* e *não de futebol*; *em termos de tempo,* deve transformar-se, se optarmos por utilizar a expressão *em termos*, será preferível dizer-se ou escrever-se *quanto ao tempo*; *em relação ao tempo, em matéria de tempo*, ou *em termos meteorológicos*, se nos referirmos ao tempo atmosférico. Se nos referirmos ao tempo que passa, então ficará em *termos temporais.* Há já alguns anos, quando a moda do *em termos de* tinha iniciado a sua caminhada, ouvi este mimo, num programa da manhã da Antena 1: Em *termos de botas* somos um dos maiores exportadores da Europa... Devia ter sido dito em *matéria de* ou *quanto a* – *em matéria de botas...* Também ouvi esta: em *termos de céu azul*, vamos ter amanhã um dia de Primavera. Esta, com toda a franqueza, não consigo modificá-la por outra qualquer que faça sentido, a não ser alterando-a por completo...

6 – Já *ia-me esquecendo* por *já me ia esquecendo*. *Ia-me esquecendo*, mas *já me ia esquecendo* (ambas correctas). Os pronomes pessoais complemento são *empregados* antes ou depois do verbo, não à discrição. Neste caso particular, o ouvido ainda é o melhor conselheiro: A professora *ensinou-me* como resolver o problema. O que a professora *me ensinou tem-me* sido muito útil. Muito útil *me tem sido* o que a professora *me ensinou*.

7 – *Ter lugar*. Posso dizer que *tenho* um lugar cativo no estádio do Sporting. *Ter lugar* por *realizar* ou *efectuar* é um *anglicismo* escusado – *to take place*. A reunião **teve lugar** no anfiteatro (incorrecto): a *reunião realizou-se (efectuou-se) no anfiteatro*. O anfiteatro estava quase cheio, mas o meu irmão ainda *teve* lugar.

8 – **Fomos-se embora** ou **vamos-se embora** são erros muito frequentes. A conjugação pronominal anda muito por baixo nas falas dos Portugueses. *Fomo-nos* está correcto. *Fui-me, foste-te, foi-se, fomo-nos, fostes-vos, foram-se embora*. Também se ouve da boca de pessoas que tinham por obrigação falar bom português: *teria-lhe*, em vez de *ter-lhe-ia*. Isto faz lembrar-me uma *comédia* da minha Ilha em que um dos actores dizia: "São dez horas e Carlos sem aparecer; *trararalho* (ter-lhe-á) acontecido alguma coisa?

9 – *Evacuar pessoas*! Coitadas das pessoas e de quem as evacua. Deve ser mais doloroso do que um

parto propriamente dito! *Evacuam-se espaços* e não *pessoas*: o teatro *foi evacuado* de todos os espectadores, porque *deflagrara* (tinha deflagrado, havia deflagrado) um grande incêndio.

10 – *Meias abertas* por *meio abertas*. O *meio* é invariável, a não ser que se trate de *metade*: *Meio fechadas*, *meio fechada*. Mas, *meio-irmão, meia--irmã, meios-irmãos, meias-irmãs, meias laranjas*. Trata-se de facto de uma *metade*.

11 – *Trata-se* (sem plural). Há muita confusão acerca desta expressão: *Trata-se de um assunto importante; trata-se de assuntos importantes* (é invariável).

12 – *Trata-se e tratam-se* (plural) – verbo tratar: Os doentes *tratam-se* no hospital; ela *trata-se* no Centro de Saúde.

13 – Outra expressão que muita gente confunde, colocando o verbo no singular: Este foi um dos livros que mais me *agradou;* deve dizer-se: *este foi um dos livros que mais me agradaram* (um de entre muitos que li). Foi um dos abalos de terra que mais <u>mexeu</u> comigo. O correcto seria: *que mais mexeram comigo.*

Um antigo primeiro-ministro português que fala português com uma correcção invejável, caiu uma vez na esparrela, ao dizer: "Este livro foi um dos que mais me *impressionou*, em vez de *este livro foi um dos que mais impressionaram*. No bom pano…

NOMES FORMADOS POR JUSTAPOSIÇÃO

Na sequência de um telefonema de um amigo, pedindo-me que lhe esclarecesse uma dúvida sobre o plural de uma palavra composta, com *hífen* – guarda-chuva – se bem me lembro, desafiei-me a escrever uma "charla" sobre o assunto, uma vez que poderia ser útil a um público mais vasto. Aqui estou a procurar satisfazer, com muito gosto, o seu pedido.

Como é sabido, o *hífen* serve para se fazer a translineação (quebra de um vocábulo no final da linha), para separar os pronomes pessoais complemento na conjugação pronominal: *encontrámo-nos* no cinema ontem à noite, mas *utiliza-se*, também, para ligar vocábulos que se justapõem, a fim de formar uma nova unidade semântica, embora as palavras agregadas pelo *hífen* mantenham, por si sós, a sua independência fonética (no novo acordo ortográfico a entrar em vigor, acaba-se o martírio de praticamente todas as expressões hifenizadas).

O melhor será dar alguns exemplos contextualizados. O latoeiro precisou de ir comprar um pedaço de *folha-de-flandres* para fazer um funil. O carpinteiro teve de arrancar o prego com um *pé-de-cabra*, tal era o comprimento do prego. O meu carro tem uma grande amolgadela num *guarda-lama*, por isso tenho de o levar um destes dias à oficina do *bate-chapa*.

No meu tempo de Coimbra havia um estudante que tinha a alcunha de *mata-gatos*, tal era a carnificina que fazia, à mocada, em noites de boémia. Tem a casa infestada de ratos, por isso não lhe fazia mal ir comprar um *mata-ratos*. Possui umas mãos de ouro: tem habilidade para o que quer, é um autêntico *faz-tudo*. O *ponta-de-lança* falhou um golo estupidamente, foi mesmo de *cabo-de-esquadra*! O *amor-perfeito* é a flor dos enamorados. O *guarda-florestal* tem de percorrer a sua zona de vigilância, a fim de evitar incêndios. Há muitos anos havia na minha rua um *guarda-nocturno*. O *decreto-lei* já foi publicado no Diário da República, promovendo o Roberto a *director-geral*. Ela enfrasca-se todas as manhãs em *água-de-colónia*. O assunto não anda nem desanda – está em *banho-maria*. Se a casa não tivesse *pára-raios*, teria sido atingida.

A maior dificuldade com os nomes formados por justaposição será o seu plural. Mas não é nenhum *bicho-de-sete-cabeças*. Basta meia dúzia de regras e sobretudo um bom ouvido e tudo correrá pelo melhor.

Recapitulando:

1 – As palavras compostas, ligadas por *hífen*, formam o plural apenas nos elementos *substantivos* e

adjectivos. Exemplificando: Foi à praça e comprou *couves-flores*. Ele gosta de ir à caça. Um destes dias caçou dois *porcos-espinhos*. No Regimento há três *sargentos-mores*. Os *guardas-florestais* são muito importantes na vigilância das nossas matas e florestas. No jardim há muitos canteiros com *amores-perfeitos*.

2 – Se os elementos que formam a palavra são *um verbo* ou uma *palavra invariável* e um *substantivo*, só este passa para o plural. Alguns exemplos: a casa dela é muito espaçosa tem quatro *guarda-roupas*. Os *guarda-lamas* do automóvel estão cheios de ferrugem. NB: *Guarda* tanto pode ser uma forma do verbo guardar (3.ª pessoa do presente do indicativo: o *guarda-loiças*) como também um substantivo: o *guarda-florestal* (*os guardas-florestais*). No primeiro caso (quando se trata de um verbo), só o último elemento vai para o plural: *guarda-loiças e guarda-fatos*.

3 – Se os dois elementos que formam o nome por justaposição são *dois substantivos* ligados pela partícula *de*, só o primeiro vai para o plural. Seguem-se alguns exemplos: Os operários necessitaram de vários *pés-de-cabra* para dar vazão ao serviço de arrancar pregos velhos das traves da casa. No banquete foram consumidos muitos *pães-de-ló*.

4 – Se o nome composto é constituído por *dois substantivos* em que o *segundo* especifica a função ou natureza do *primeiro* ou exprime *finalidade*, só *este* (o primeiro) vai para o plural. Exemplificando:

os *balões-sonda* foram lançados com a finalidade de medir a pressão atmosférica na Lua. Portugal só tem um *navio-escola*, a Sagres, mas há países que têm vários *navios-escola*. A fábrica fez vários *contratos-programa*. Neste texto há uma *palavra-chave*; no livro há muitas *palavras-chave*. O Diário da República publica muitos *decretos-lei*.

NB 1: Ouve-se todos os dias os *social-democratas*... O composto está mal feito. Deve dizer-se ou escrever-se os *sociais-democratas*.

NB 2 – Anteriormente, havia palavras compostas por justaposição e separadas por *hífen* que se aglutinaram, escrevendo-se agora sem *hífen*: *malmequer* / / *malmequeres*; *pontapé* / *pontapés*; *aguardente* / / *aguardentes*; *varapau* / *varapaus*, etcœtra.

CHÁ, XÁ, XÍCARA, CHÁVENA...

Se caíssemos no meio de um salão lisboeta dos finais do século XVII repleto de *sedas* e *cetins*, de damas e cavalheiros, nobres e santas criaturas, do frufru das saias e dos vestidos, todos gozando o consuetudinário sarau literário, bebericando *chá* por *xícaras* ou *chávenas* de porcelana da Companhia das Índias, família rosa, fazendo música, jogando *whist* ou dando o seu pezinho de dança; se porventura aguçássemos o ouvido para as leves conversas de filigrana *cochichadas* à roda das mesinhas, notaríamos que as palavras haviam já iniciado o percurso das várias estações da via-sacra de uma dicção que haveria de se consolidar numa pronúncia deslavada, em tudo antagónica à da já então chamada, com fino horror lisboeta, Província, que ainda mantém em alguns locais muitos resquícios da verdadeira pronúncia das palavras, grafadas intencionalmente em itálico.

Um aluno que aprende a ler e a escrever perguntar-se-á por que razão é que a ortografia portuguesa é tão difícil e complicada, dir-se-ia até que teria nascido para entisicar quem a estuda. Escreve-se *xícara* e *chávena*; *chá* e *Xá*; *seda* e *cetim*; *coser* roupa e *cozer* pão, *conserto* das botas e *concerto* de violino; o *concerto* das nações que andam há séculos em *desconcerto* pegado. Quem inicia o estudo da escrita vê-se em dificuldades para se desenriçar de matagal tamanho. E outra opção não encontra que não seja a de se ir desunhando e decorando se determinada palavra se escreve com *s, c, z, x*, ou *ch*.

É óbvio que tal estudante, se existisse, seria uma *avis rara*. Que me perdoem todos aqueles que acham que a memória é uma capacidade tão reaccionária que não deve ser utilizada... E também aqueles para quem as criancinhas ganham muitos traumas se derem um pouco do seu esforço em memorizar o que quer que seja!

O que vai existindo, não sei se como excepção à regra ou não, são estudantes universitários que escrevem *S. Xupança*, por Sancho Pança; *enxerto* da obra por *excerto* da obra; *adulescência* por *adolescência*; *assecíveis* por *acessíveis*; *precionada* por *pressionada*... Estou a ser politicamente incorrecto!

"Não se entende na mesma? – dir-me-ão certos "professores". Se *a gente entendemos, prontos*", dir-me-á um pedagogo da nova vaga! E eu não tenho outra saída que não seja a de dizer que sim com a cabeça e rir-me por dentro, do mesmo passo que me ocorrem estes mimos literários de um estudante da faculdade de letras: *O autor morreu na guerra que ele era contra!* Ou: *Esta composição lírica encaixa-se no surrealismo que corresponde ao final do século XVIII...* Comentários para quê?

Um rapazinho de escola oriundo do Minho, de Trás-os-Montes, ou da Beira Alta não teria grandes problemas em destrinçar a ortografia de *chávena* e *xícara*; de *coser* e *cozer*, de *seda* e *cetim*... Digo isto porque a pronúncia destas palavras era diversa (e ainda persiste em alguns locais). Assim, o *ch* pronunciava-se tal como no inglês (e nalguns casos ainda hoje, em Portugal) *tch* (*tchuba*, *tchão*); o *s* de *coser* e de *seda*: *cošer, šeda*, a impropriamente chamada pronúncia de Viseu, que, ao contrário do que se pensa, não é defeito do aparelho fonador, mas uma marca distintiva entre dois sons que, por seu turno, correspondem a grafias e significados distintos: a do *s* e a do *z*: em *cošer (j) e cozer (z)*...

Eis a razão por que em entrada anterior eu insistia na ortoépia (regras da boa pronúncia). E apelidei de *linguagem de sopeira fina* quem procura identificar totalmente o som com a grafia... E, assim, ficámos com vários meninos nos braços: Xarope, xícara, xaile, coser, cozer, chão, chuva, chocolate, chichi, Chico, Xá da Pérsia, *etcœtra* e muito mais! Virgílio, medicina, Filipe... A baralhação!

Por um Acordo Ortográfico que vigorou em Portugal não me lembra já em que altura, ainda se grafava: *gèração, sòmente, sòzinho, liqüidar, saüdade*... Agora diz-se *gêração*, somente (quase *semente*), *sozinho* (ô), *liquidar* (*likidar*)... Só não entendo a razão por que se diz em Português moderno *actor* (*àtor*) e *actriz* (*âtriz*). Ambas as palavras têm um *c* antes do *t*, o que significa abertura da vogal. Só a primeira se pronuncia correctamente. Porquê? Será que a ortoépia não vale para o feminino? Não estaremos a fechar a língua em demasia? Em Lisboa já se pronuncia *insêto* por *insecto*. Estaremos à beira de outra revolução linguística provinda dos salões *provincianos* de Lisboa? Ou será das *supertias* de Cascais & Caneças?

Recapitulando:

1 – É difícil formular regras seguras para o que se escreveu acima. No entanto, se se escrever *cozer* pão ou *coser* roupa, estamos a aplicar uma regra simples e será fácil explicar a um aluno: quando for roupa escreve-se com *s*; quando for pão ou outro alimento *cozido* na *cozinha*, então escreveremos com *z*. Na linguagem oral, a pronúncia é, agora, exactamente a mesma.

2 – Quanto à *xícara* e *chávena*, *chá* e *Xá*, *obsessão* e *obcecado*, *seda* e *cetim*, já o caso muda de figura, porque, como se referiu, pronunciam-se da mesma forma.

Nas expressões: está a *cozer* uma grande bebedeira ou está *cosido* consigo ou com os seus botões, fácil será, por analogia, chegar-se a bom porto.

Minha avó, ao zangar-se comigo, invariavelmente exclamava: Estou *cozida* de tanto te sofrer!

Em resumo, ou se vai consultar o dicionário quando surgir um dúvida deste teor, ou se encaixa na cabecinha.

VÍRGULAS ANTES DOS RELATIVOS

A utilização ou não das vírgulas antes dos pronomes relativos tem muito que se lhe diga. Mas, uma vez entendida a (s) regra (s), que não será meramente gramatical, é muito fácil de se aplicar. Em Português chama-se *não-explicativa* à oração que tem vírgula antes de um relativo, o que significa que dela se pode prescindir. Na *explicativa* pode-se e deve-se prescindir da vírgula, pois, sem a relativa, a compreensão da oração fica afectada.

Dou exemplos: "Meu Pai, *que esteve no estrangeiro durante a Guerra Mundial*, morreu há cerca de quinze anos" (não-explicativa).

Se retirarmos a relativa, entende-se na mesma (*meu Pai morreu há cerca de quinze anos*). A oração relativa: *que vivia no estrangeiro*, serve apenas de ornamento, não define a oração principal.

Os ingleses chamam-lhe *non-defining clause*. O meu amigo João, *que estuda numa universidade americana*, completa o seu doutoramento este ano.

Ao escrevermos, a nossa atenção deve recair sobre o *antecedente* do pronome relativo. Se for definido (meu Pai, minha Mãe, o João, a minha Mulher, os meus filhos, *etcœtra*, então é obrigatória a vírgula antes do pronome relativo.

Há muito boa gente que está convencida de que antes de *cujo, cuja, cujos, cujas*, também pronomes relativos, há sempre uma vírgula. A regra empregada para o relativo *que* serve também para estes: O meu amigo João, *cuja tese está a ser ultimada*, regressa em breve a Portugal. O António, *cuja mãe morreu há dias*, está muito sentido. (Em português pós-moderno dir-se-ia: <u>o João *que* a mãe morreu há dias está muito sentido</u>... Estão a desaparecer as preposições antes do relativo).

As orações relativas sem vírgula são chamadas *explicativas ou restritivas* (*defining*, em inglês), porque é a própria oração relativa que define o antecedente: *O homem que estava sentado, sozinho, à mesa do café pareceu-me muito estranho...* Que homem, pergunta-se? O que estava sentado, sozinho, à mesa do café.

A mulher cujo filho foi atropelado em plena passadeira entrou em estado de choque. Que mulher, indaga-se? A que teve um filho atropelado em plena passadeira e entrou em estado de choque.

Nestes dois casos as orações relativas *não* servem de enfeite, mas fazem parte integrante da oração, e é por ela que compreendemos o sentido total da frase.

Poder-se-á transformar estas orações em *não explicativas*. Basta alterar o antecedente de *indefinido* para *definido*: *O meu amigo Manuel João, que estava sentado,*

sozinho, à mesa do café, pareceu-me muito estranho...
A minha vizinha Deolinda, cujo filho foi atropelado em plena passadeira, entrou em estado de choque.

Se eu escrever: "O meu filho, que está na Alemanha, regressa no fim do ano", estou a afirmar que tenho um único filho. Como tenho mais do que um, deverei escrever: "O meu filho que está na Alemanha regressa no fim do ano". Os outros ou o outro encontram-se cá ou em outra parte qualquer.

Deve haver algum cuidado ao escrever-se: a minha Mulher ou o meu Marido, seguido ou não de vírgula: "A minha Mulher, que é pianista, tem como *hobby* a leitura". Se escrevesse: "A minha Mulher que é pianista tem como *hobby* a leitura", estaria a confessar-me polígamo...

O contrário também é válido: "O meu Marido que trabalha na fábrica da Renault por vezes nem vem dormir a casa... (polígama); "O meu Marido, que trabalha na fábrica da Renault, por vezes nem vem dormir a casa"... (monógama).

Levada da breca, a vírgula! E o ponto e vírgula também! *Ressuscitou, não; está aqui. Ressuscitou, não está aqui.*

"E assim se fazem as cousas", como diria Gil Vicente, o nosso maior homem de teatro. Por uma vírgula ou um ponto e vírgula poderá desmoronar-se toda uma crença!

Recapitulando:

1 – A vírgula antes das orações relativas *não* se utiliza se a oração for *explicativa* ou *restritiva*. Esta completa o sentido da oração: O cavalheiro *que fuma cachimbo* está vestido como se fosse a um baile de gala. Sem vírgula, porque a oração: *que fuma cachimbo* é que identifica o *cavalheiro*.

2 – A oração *não explicativa*, pelo contrário, tem de levar, obrigatoriamente, uma vírgula, uma vez que, na oração, serve apenas de *ornamento*, podendo ser retirada sem prejuízo da compreensão da frase: "A minha tia Augusta,*que vive na Venezuela*, mandou-me uma encomenda". A minha tia Augusta *mandou-me uma encomenda* era quanto bastava. O estar ou não na Venezuela, ou em outro país qualquer, só serve para ornamentar ou para dar uma explicação adicional ao meu interlocutor.

3 – *Cujo, cuja, cujos, cujas* são também pronomes relativos, a desaparecer cada vez mais depressa da linguagem falada e não raro substituídos indevidamente por um *que*. Na escrita, necessitam das mesmas regras que se aplicam à *relativa explicativa* ou *não explicativa*: Meu tio Manuel, *cuja oficina se situava numa das praças principais da cidade*, embarcou para o Canadá. Trata-se, como se vê, de uma *não explicativa*, com vírgula obrigatória, uma vez que a oração *relativa* não explica nada, acrescenta apenas um esclarecimento acessório. Claro que

há maneiras de fugir ao *dito cujo*: Meu tio Manuel, *que* tinha uma oficina, *etcœtra*, *etcœtra*, embarcou para o Canadá. Mas será asneira, infelizmente ouvida com frequência, dizer: <u>A velhinha que o filho foi para a França despediu-se dele em vida</u>. Devia ser *cujo* filho. Ou rodeando para evitar o *cujo*: *A velhinha tem um filho que foi para França. Despediu-se dele em vida...*

4 – Agora, as curiosidades já referidas no texto da "charla": Meu irmão *que* está nos Estados Unidos vem cá muitas vezes. (só tenho um). Porém, meu irmão, *que* está nos Estados Unidos, vem cá muitas vezes. (tenho mais irmãos), *etcœtra*, *etcœtra*... Na linguagem falada não há qualquer diferença. Quando muito, o meu interlocutor poderá querer saber se tenho mais irmãos. E, na linguagem escrita, poucos farão a destrinça, o que não vem nenhum mal ao mundo nem à gramática. Esqueci-me de dizer que a relativa principiada por *o que*, leva sempre vírgula antes de *o que* – a oração anterior é que serve de explicação: "Ele nunca vai às aulas, *o que* faz com que seja um mau aluno".

"POBRE DE (EM) ESPÍRITO"

Há quem não goste de ser corrigido. Está no seu direito. Mas sujeita-se a ser alvo de farpas. Ou a transformar-se no *pião das nicas*! *Quem não quer ser lobo...* Do mesmo modo, quem corrige também se encontra no uso pleno das suas regalias. *O Sol quando nasce...* Três provérbios de uma assentada!

Quem não consente o mínimo reparo, mesmo feito da forma mais cordial e pedagógica, está a elevar-se (ou a rebaixar-se, depende do ângulo de visão) de *moto próprio* ao grau de mestre de *cavalgar toda a besta*. A ser *parvo* de espírito! *Pobre de espírito*, não. A expressão é empregada de maneira errónea. Não significa o que as pessoas querem dizer, repetindo-a com muita frequência, dando-se ares de conhecimentos bíblicos.

Coitadinho, é um pobrezinho de espírito, não diz coisa com coisa. Pobre de espírito não significa tolo. Cristo não ia reservar o reino dos céus apenas para os tolos e atrasados mentais, nem *tão-pouco* lhes chamaria bem-aventurados!

Ascender ao patamar de pobre de espírito é tarefa árdua... Só os grandes, os santos, os puros – os que não ambicionam, nem cobiçam riquezas, nem atropelam o semelhante para chegar em primeiro lugar – o conseguem atingir. Pobres *em* espírito, isto é, os que estão livres das peias que amarram as suas mentalidades atávicas. E as sujam.

Nas Ilhas, e em outras atmosferas semelhantes, mais ou menos abafadiças, pululam os mestres em tal abundância que dir-se-ia haver sábios à solta (que desperdício!) vagueando pelas ruas das nossas vilas, cidades e freguesias. Os que tudo resolvem num rufo: da governação central, passando pela regional, até à eleição papal; das condições adequadas para que um aeroporto funcione como deve ser, até às cotações na bolsa de valores materiais e espirituais; do futebol ao patriotismo; da política à ciência e à arte...

Aquele que não sabe escrever, e disso tem consciência, não o deveria fazer para os jornais, a não ser que os seus responsáveis corrijam as mazelas do arrazoado que lhes é enviado e o publiquem de rosto mais limpinho e escanhoado. Os autores de artigos e de livros estão sujeitos à crítica. Nenhum mal vem ao mundo, desde que o comentário não ofenda nem humilhe o criticado.

A este propósito, vou aproveitar a oportunidade que há tempos me ofereceu um jornal e transformar, em mais uma das minhas notas, o chorrilho de incorrecções gramaticais contidas num artigo lá publicado. Se bem aproveitados, podem e devem os erros ser pretexto para uma lição de pedagogia. Aprende-se muito com eles!

Escrevia o articulista: "A propósito de uma lição incompleta de português, venho aqui fazer o meu *meia culpa* (sublinhado meu) e assumir toda a responsabilidade *dos* (sublinhado meu) erros cometidos. Poderia dizer que se *tratavam* (sublinhado meu) de erros propositados, de falta de atenção, *etcœtra*. Mas nada disso, é mesmo aquilo que pensou, assumo, um zero à esquerda em português e ponto final."
Meia culpa.
Metade da culpa. *Mea culpa*. Minha culpa. Em que ficamos? Em *meia*, em *mea* ou em *toda a responsabilidade*? O autor do artigo contradiz-se. Por um lado, assume toda a responsabilidade pelos erros cometidos, mas, por outro, só quer metade da culpa...
Não deve ter sido católico praticante no tempo em que a missa era celebrada em Latim. Até a mais humilde beata dessa altura o papagueava com alguma fluência e dizia correctamente: *Mea culpa, mea culpa, minha maxima culpa*!
[...] Assumir toda a responsabilidade *dos* erros, *etcœtra*. O correcto será *e* assumir toda a responsabilidade *pelos* erros, *etcœtra*. A expressão *ser responsável* é regida pela preposição *por*...
Poderia dizer que se tratavam...
Dou dois exemplos: Quando cheguei ao Hospital, os enfermeiros *tratavam* os doentes acamados ou *tratavam dos* doentes acamados. Porém, *trata-se* de um livro notável. Não é de admirar, foi escrito por Eça de Queirós. *Trata-se* de assuntos sigilosos que não devem ser

dados a conhecer. *Trata-se* de um fenómeno normal para esta época do ano... Quando não significa cuidar de alguém, *trata-se* é invariável, tanto se emprega para o singular como para o plural!

Recapitulando:

1 – Ao contrário do que se propala, pobre de espírito (em espírito) não significa ser fraco do juízo ou mentecapto. Quer dizer que se não ambiciona coisas materiais, como pregava Cristo. Foi com esta intenção que se referiu aos pobres de espírito no Sermão da Montanha, acrescentando: "porque deles será o Reino dos Céus".

2 – *Meia Culpa* era, se me não falha a memória, o nome de uma casa de alterne, que acabou por carregar com toda a culpa... O que o articulista queria dizer era *Mea culpa*, expressão latina, utilizada na oração: Eu, pecador me confesso...

3 – Sou *responsável pelos* meus erros e não *dos* meus erros.

4 – Trata-se: (invariável)

Trata-se de um belo livro. *Trata-se* de muitas obras importantes.

5 – Trata-se, tratam-se: (variável)

Os doentes *tratam-se* no Centro de Saúde. Ela *trata-se* numa clínica privada (tem singular e plural).

MAIS BEM FEITO, MAIS MAL FEITO

Conta a pequena história que o escritor Camilo Castelo Branco teria um dia desabafado, na intimidade de certos amigos que o foram visitar a São Miguel de Ceide, que o filho Jorge (o proprietário da célebre acácia do Jorge, como ficou literariamente conhecida) teria ficado louco por ter teimado e conseguido ler até ao fim as obras completas de António Feliciano de Castilho, o grande originador da *Questão Coimbrã* suscitada por Antero de Quental a quem chegou a *apelidar de* Pantera do Quintal ou *chamar* Pantera do Quintal!

Descontando o exagero próprio de um grande novelista e polemista que Camilo Castelo Branco sempre foi, a caricatura não deixa de ter traços verdadeiros que ainda hoje são actualíssimos. Dir-se-ia até, sem receio de hipérbole, que continuam sendo cada vez mais autênticos. Jorge ficaria mentecapto não com as obras de Castilho, que já ninguém se atreve a ler, mas, sim, com outras muito *mais mal* escritas (nunca *pior escritas*) que hoje em dia pululam nos escaparates das livrarias e em outros locais de consumo obrigatório.

Que diria o torturado de Ceide se lesse, ou desse a ler ao filho, muitas das obras que hoje se publicam em

Portugal, a chamada literatura de consumo rápido (ler e deitar fora), e todas as revistas cor-de-rosa, e alguns dos nossos jornais, e ouvisse os telejornais, e os programas interactivos da rádio e da televisão, em que os ouvintes e os telespectadores participam, muitos deles *insultando* a Língua Portuguesa como se ela fosse uma pobre de pedir postada à porta com receio de se mostrar devido aos trapos com que lhe cobriram o corpo?

Se Camilo ou o seu filho Jorge lessem, por exemplo, um arrazoado de um senhor político e doutor, ou vice-versa, de onde se pode extrair pérolas deste teor: "os lavradores *apelam ao* Presidente do Governo e *aguardam por* uma decisão por parte da Secretaria da Agricultura e Pescas, que pensaria?" Ou se ouvisse da boca de uma senhora muito fina: "Por favor, dê-me um copo *com* água? Ou: Dê-me uma caixa *com* fósforos? Ou então: "Vou comprar um vestido forrado *em seda*?" Ou: "Deixe-me ver essa caixa *em* madeira?"

Decerto que tanto Camilo como o filho Jorge, o tal que teria endoidado por ter lido as obras completas do Visconde de Castilho, ficariam atónitos e à beira da loucura com tais despautérios. E corrigiriam: "Os lavradores *apelaram para o* Presidente do Governo e *aguardam* uma decisão por parte da Secretaria da Agricultura e Pescas..." Ou então: "Os lavradores *fizeram um apelo ao* Presidente do Governo e *aguardam* (*esperam por*) uma decisão por parte da Secretaria da Agricultura e Pescas." Ou: "Dê-me por favor um *copo de água*; uma *caixa de* fósforos; um *vestido forrado de* seda;

uma *caixa de* madeira ou *forrada de madeira...*"

Assim, dir-se-á um *copo de* vidro; uma argola *de ferro*; uma pulseira *de ouro*; um crucifixo *de prata*; um puxador *de latão*; uma torneira *de metal;* uma caixa *forrada de madeira...*

Só se deverá dizer um copo *com água* ou uma caixa *com fósforos*, se o copo não for adequado para este líquido e a caixa se não destinar ao fim a que normalmente se destina. Deste modo, dir-se-á: "Não faz mal; mesmo sendo de uísque, dê-me esse *copo com* água!" Ou: "Não tenho fósforos em casa, filha; vai-me a casa da vizinha Eufrásia e pede-lhe alguns emprestados; traz-me, depois, esta caixinha de plástico onde eu guardava as agulhas *com os fósforos* que ela te der."

Uma verdadeira *caixinha de* surpresas, a nossa bem-amada Língua Portuguesa!

Recapitulando:

1 – *Mais mal ou mais bem* **vestido. Desde que se trate de um particípio passado (***vestido***), não se deve dizer ou escrever** *pior* **vestido. Assim, a Joana está** *muito mais bem vestida* **do que a Madalena. Este desenho do João está** *mais bem feito* **do que o do Manuel. O mesmo com** *mal. Mais mal feito, escrito, pensado, desenhado,* **etcœtra...**

2 – O verbo *apelar* **pede a preposição** *para. Apelar para* **as instâncias superiores ou** *fazer um apelo às* instâncias superiores *para que* resolvam o problema daquele hospital. Mas, segundo se ouve, quase todos os falantes e jornalistas dizem e escrevem *apelar ao* Primeiro-Ministro... Este verbo deve ter arrombado as portas da língua...

3 – O verbo aguardar *não usa* preposição. Estou a *esperar pelo* meu filho; estou a *aguardar o* meu filho. Será assim tão difícil?

4 – Há falantes com excesso de zelo. Muitas vezes caem no ridículo e dizem: Não quero um *copo de água*, porque, se assim fosse, desfazia-se logo...

De facto, diz-se um copo *de* água, *de* vinho, *de* cerveja e de outros líquidos. Só quando o recipiente não é adequado para o conteúdo, se emprega a preposição *com*. Há copos para vinho, água, espumante, cerveja, uísque... Se alguém pedir vinho num copo destinado a espumante, dirá: dê-me esse copo *com* vinho. O mesmo para caixa de fósforos, de chocolates, e por aí adiante. Só se dirá *com,* se a caixa for destinada a outra coisa: dê-me essa caixa de charutos *com* chocolates...

Vestido *de* seda e não *em* seda; uma sala forrada *de* madeira e não *em* madeira; uma casa forrada *de* azulejos e não *em* azulejos...

INTEGRAR E INTEGRAR-SE

O verbo *integrar* continua a *integrar-se* cada vez com mais dificuldade na fala dos Portugueses e na dos locutores da rádio e da televisão e por simpatia na escrita dos nossos jornalistas e na de alguns escritores, embora seja utilizado com demasiada frequência.

Apesar dessa assiduidade, raro é empregar-se correctamente a construção exigida por este verbo. O facto deve-se ao erro cada vez mais comum e disseminado, como piolho metediço nas costuras da nossa língua, de se ir deixando cair o *se* dos verbos que usam a forma reflexa a par da outra, a transitiva, como será o caso dos que a seguir se enunciam.

Em Portugal *reflecte-se* muito pouco hoje em dia. A Língua Portuguesa, que é o grande espelho desta e de outras coisas, no-lo diz com clareza. Por isso já raramente se ouve dizer *esgotar-se, fechar-se, reunir-se, integrar-se*...

Ouve-se dizer frequentemente: "O livro era tão bom que *esgotou* em três semanas", quando a forma correcta seria: "O livro era tão bom, que *se esgotou* em três semanas".

Naturalmente que este verbo se pode também usar na forma transitiva. Assim, se eu disser ou escrever:

"Vieram centenas de pessoas dos arredores da cidade que esgotaram num ápice a lotação da praça de toiros", estou a dizer ou a escrever com correcção (*a lotação da praça de toiros esgotou-se num ápice com as centenas de pessoas que vieram dos arredores da cidade,* ou *o livro era tão bom, que as pessoas acorreram às livrarias e esgotaram-no em três semanas*).

Com o verbo fechar acontece o mesmo: "Estava tanto vento, que as portas e as janelas *se fecharam* ou *se abriram* sem que ninguém lhes tocasse (e não *fecharam* ou *abriram*). Mas, se eu disser ou escrever: A dona da casa, pressentindo que o vento se ia levantar, *fechou* as portas e as janelas por precaução – estou a usar a forma transitiva correcta.

Dado que este nosso país reclinado à beira-mar se encontra em reunião contínua, ao ponto de se ter já acrescentado um novo mandamento ao decálogo: "Reuni-vos uns aos outros como eu vos reuni", o verbo *reunir (se)* tem tido nos últimos anos grande saída linguística. Por tudo e por nada se diz e escreve: "A Comissão de Trabalhadores *reuniu* durante cinco horas e no final da reunião foi lido um comunicado anunciando novas formas de *l*(ab)*uta*... (A Comissão de trabalhadores *reuniu-se* durante cinco horas e no final da reunião foi lido um comunicado anunciando novas formas de *l(ab)uta*..." Como os verbos anteriores, também este se pode utilizar na forma transitiva: "O gerente *mandou reunir* (ou *reuniu*) todos os seus colaboradores para os *informar* das novas cláusulas de crédito à habitação."

Por fim, o verbo *integrar* (*-se*), quase apenas utilizado na forma transitiva por pura ignorância, vai ser o assunto-busílis desta "charla", porque utilizado frequentemente e sem qualquer critério: "Cinco personalidades de renome da vida literária portuguesa *integravam* o Júri." Supina asneira! "O Júri *integrava* cinco personalidades de renome da vida literária portuguesa", ou: *Faziam parte* do Júri cinco personalidades de renome da vida literária portuguesa...

É correcto dizer-se: "O conjunto *integrava* cinco músicos", mas será incorrecto dizer-se que "Cinco músicos *integravam* o conjunto". Os cinco músicos *integravam-se* no conjunto (*faziam parte do* ou *pertenciam ao conjunto*)... Não será a farinha completa que *integra* o pão integral, mas o pão integral que *integra* a farinha completa! O todo *integra* as partes e não o contrário. Utilizando a linguagem da Matemática: As partes não *integram* o todo, mas, sim, as partes *integram-se* no todo ou fazem parte dele! O conjunto **A** integra os subconjuntos **B** e **C**. Não são os subconjuntos **B** e **C** que integram o conjunto **A**, quando muito, eles *integram-se* nele (*fazem parte dele*).

Só um político vaidosíssimo poderia exclamar do alto do seu pedestal: "Eu *integro o* governo", em vez de humildemente dizer: "*Faço parte* do governo, ou *integro-me* no governo!" Do mesmo modo, " O Doutor António Baptista *integra* o corpo docente da Universidade", será um assomo de pura vaidade sem gramática que a sustente, porque o corpo docente da Universidade é que *integra* o Doutor António Baptista. Ele pertence ao corpo docente, um dos muitos docentes que fazem parte integrante do grupo de professores da Universidade.

Será Deus que integra o Universo ou é o Universo que integra Deus? Será que o Universo se integra em Deus ou é Deus que se integra no Universo? Venham daí as respostas!

Recapitulando:

1 – Os verbos reflexos estão a desaparecer do uso dos falantes portugueses. Por isso, se ouve ou lê: "A Comissão de trabalhadores *reuniu* durante cinco horas, a fim de apelar ao (*fazer apelo ao*, ou *apelar para*) governo *para que* a idade da reforma não continue a aumentar).

2 – O busílis, porém, reside no verbo i*ntegrar* (transitivo) e *integrar-se* (reflexo), em cujo emprego há uma tal confusão, que julgo que já não haverá remédio. Já saltou para as faculdades de letras, corpo docente inclusive, o que é sinal certo de que a confusão irá continuar alegremente e o verbo ficar-se apenas pela forma transitiva. E é pena!

3 – *Informar que, informar de que*:

Não são intermutáveis. Alguns exemplos contextualizados: O professor *informou que* não havia aulas no dia seguinte. Todavia, o professor informou os alunos *de que* não havia aulas no dia seguinte. Quando ao complemento directo se segue o verbo, escreve-se ou diz-se *de que*. Informo Vossa Excelência *de que* o assunto já está resolvido.

CONCISÃO DE LINGUAGEM

Desta feita o repasto do grupo almoçante *realizou-se* dentro de portas (não se deve dizer ou grafar *teve lugar*). O dia da semana cai sempre na mesma feira, só são revezados o local e o restaurante. Nesse dia, por antecipação, celebrámos o aniversário de um dos comensais, embora seja de mau agoiro, como consta dos velhos livros de bruxaria. Superstições! E quem as não tem?

Já amesendados, o poeta! Já comido e bebido, sentou-se numa cadeira ao pé de nós e tomou as rédeas do palavreado. Recostado no coxim da fala, principiou *a* (ou *de*) disparar, a patilha em posição de rajada:

"Estou a escrever cada vez melhor; devo ser o maior poeta português; mas não tenho pressa, nem pretendo publicar, como tantos outros escritores, todos alienados ao mercado; conheço o segredo da espera; com igual mestria me devoto à pintura, mas os meus quadros não se encontram à venda, porque o seu autor nunca estará à venda..."

O poeta maior de Portugal! Uma das mais altas glórias que este País alguma vez consentiu! Não faz parte da nossa tertúlia errante. Almoça sempre neste restaurante dentro de portas, mas à mesa de outra assembleia. Sempre que o empregado de mesa o *informa que* estamos na sala à ilharga, apressa-se a vir derramar sobre nós o seu dedal de solilóquio. Tal como chega, assim se vai! Como as pombas da infância – mansinhas entravam em casa e, mal largavam a *poia*, logo se erguiam em voo para poisarem na empena alta da casa.

Mais em maré de ouvir, eu atentava na cavaqueira que se ia desdobando. Não me sentia de todo *absorto* nem totalmente *desperto*. Habitava o limbo, *absorvido* no murmúrio ronronante da mó do pensamento, gira-que-gira, roda-que-roda e torna a rodar, que, *obcecada*, me bichanava: "Não te esqueças, não te esqueças, olha que tens as flores para mercar!"

Por elas irei ao final da tarde, à hora do *alpardusco* ou lusco-fusco, o *desamparinho* do dia, como tão expressivamente dizem os Cabo-verdianos!

Esqueceu-me dizer-vos (*esqueci-me de vos dizer*) que as margaridas são as flores *de que* mais gosto (e não *que* mais...). As *que* mais amo. No Horto Municipal não as havia. *Tive de* optar por rosas vermelhas. Prefiro as margaridas *às rosas* (preferir *a* e não *do que*). Num aniversário natalício, *antes quero* oferecer flores *do que* uma caixa de chocolates. Ou livros. Ou ambas as coisas, caso se trate de pessoa por quem *tenho em alto apreço* (e não: *tenho grande apreço por ele/a*.

A destinatária era uma delas. *Tenho-a em elevada consideração*. (nunca: *tenho elevada consideração por ela*).

Já estavam embrulhados. Os livros. Em papel fantasia e lacinho a condizer.
Às nove da noite! Costumo ser pontual. Mas era escusado estar já a consultar o relógio – duas e meia da tarde. Cedo *de mais* para anteviver o que talvez nem chegue a viver... *Demais a mais*, herdei este feitio de argila apressada, o famoso barro da Ilha de Santa Maria, a primeira das nove a ser descoberta. O barro era transportado para São Miguel nos iates do Parece (o *Senhora da Guia*, o *Santo António*, e com ele se fabricava a louça da Vila (Vila Franca) e também da outra Vila, a da Lagoa – jarras, potes, talhões, talhas, canjirões, apitos...
Encontrava-me presente no almoço com um pouco de abstenção. Talvez *abstraído*, nunca *abstracto*!
O meu amigo António sabe contar. Já entrados na longa cavaqueira pós-prandial, ele narra uma história do seu tempo alentejano, ilustrativa do laconismo de linguagem, tão difícil de se atingir. Súbito, os meus ouvidos abriram-se de par em par, e passei a emprestá-los inteiramente à narração.
A linguagem e os seus arrabaldes foram-se sempre corda em casa de enforcado. Tratava-se da história de um chapeleiro com tenda montada e de porta aberta numa Vila alentejana. Um belo dia o artesão lembrou-se de fazer uma tabuleta. Almejava por este meio atrair mais clientela. Publicidade o seu tanto ou quanto débil, mas ainda tão feita à medida da humana criatura!

Numa tábua pintada de preto, escreveu a giz: "Alberto Mansinho fabrica e vende chapéus!" Logo depois, uma pessoa ilustrada da Vila, provavelmente o secretário ou o escrivão da Câmara, parou e disse: "Para quê o nome do fabricante e vendedor, uma e a mesma pessoa? "Bastava: fabricam-se e *vendem-se* (ou *vende-se*) chapéus..."

Achando o senhor Mansinho que o alvitre era bom e justo, emendou a tabuleta. Um pouco mais tarde, sugeriu outro analítico de alto coturno: "Toda a Vila sabe que o mestre Mansinho faz chapéus, *vendem-se* (ou *vende-se*) chapéus seria o bastante..." O chapeleiro cogitou, reflectiu, apagou o quadro preto e tornou a escrever: "Vendem-se chapéus".

Já quase meia tarde se havia escoado na pasmada ampulheta da Vila, quando o senhor professor se abeirou do artesão e desta maneira botou fala: "Para que serve ali o verbo vender, se numa tenda é esta a única acção de jeito praticada pelo sujeito? *Tão-só* chapéus seria o suficiente, sendo que, apenas com uma única palavra, ficaria o letreiro mais *facundo*!" [não, não é gralha, significa *eloquente*; até há um S. Facundo, que dá o nome a um lugar na estrada para Cantanhede...]. Ao outro dia logo pela manhã, acabara mestre Mansinho de abrir a tenda, e já o senhor Presidente da Câmara passava no passeio a caminho da governação, mas, ao reparar nos dizeres do letreiro, estacou! Muito inteligente e observador, como compete à condição presidencial, chamou mestre Mansinho para lhe dizer:

"Se na tabuleta o senhor desenhasse um chapéu, não precisava de palavras."

O meu amigo não disse, nem era preciso, se o mestre Alberto Mansinho havia ou não seguido a sugestão do autarca. A mim, como escritor, é que me dava muito jeito que o artesão tivesse aderido à sugestão do presidente. Só assim me acharia na obrigação de escrever: "Eis o poder dominador da imagem sobre a palavra!"

E a mó do pensamento, "logo à noite, logo à noite, gira-que-gira e torna a girar..." Aproxima-se a hora. *Quem caçara (quem dera)* ser tão sucinto quanto a imagem branca de giz e obsidiante do chapéu sobre o fundo negro da tabuleta!

Não, não me vou esquecer das flores. Embrulhados já estão os livros. Sentado à mesa convivial, só ouço o ronrom das vozes fraternas e amigas dos amigos da tertúlia...

Recapitulando:

1 – De facto a concisão de linguagem foi sempre o nosso calcanhar de Aquiles. Veio-me à lembrança um orador do Parlamento do século XIX que falou durante oito horas seguidas para que desse tempo a que um deputado da província chegasse a horas de votar, para que o seu partido conseguisse ganhar.

2 – Vejamos as nossas mesas redondas na televisão. Por vezes os intervenientes falam tanto e dizem

tão pouco, que o melhor é desligar o aparelho. Há, porém, um professor universitário que fala com uma concisão espantosa. O minuto que o locutor dá a cada interveniente no frente-a-frente televisivo diário é normalmente esgotado e quase sempre ultrapassado para o dobro ou o triplo. Esse Professor de Finanças nem chega a gastá-lo. É a arte de bem dizer com poucas palavras, com muito sumo dentro delas.

3 – Na escrita acontece o mesmo. A maior parte dos escritores esparrama-se (ou esparramam-se). Ser conciso na escrita é muito difícil. Tem de se limar muito, podar galhos secos, despegar folhas amarelecidas... Só assim se tem uma escrita limpa. Se num escrito conciso se tirasse, por exemplo, uma palavra de uma frase ou de um verso, e se a prosa ou a poesia ficassem mancas, isto significaria que o escritor ou o poeta tinham consciência da precisão da linguagem. Miguel Torga é dos escritores portugueses que mais suaram uma página de prosa ou de poesia. A sua linguagem é exacta como um relógio suíço... O mesmo acontece com Carlos de Oliveira e com brasileiro José Lins do Rego.

4 – Somos por índole prolixos, capazes desta proeza: fazer um resumo de um texto com mais palavras do que as contidas no próprio texto. Os ingleses nisso são mestres. Até têm manuais escolares que ensinam, e bem, como condensar um texto. Utilizava-os nas minhas aulas. Havia um determi-

nado número de perguntas, às quais se não podia responder com *sim* ou *não*, mas o mais completamente possível. Resultado: Após as respostas dadas, ficava-se com um resumo do texto com o número das palavras exigido.

EVACUAR PESSOAS

Numa catástrofe ou num desastre aparatoso com direito a directo televisivo, somos quase sempre confrontados com jornalistas jovens, a maior parte dos quais com cursos superiores de Comunicação Social ou de Jornalismo, debitando, num português não raro cheio de fífias, mas com ar categórico e convencido, o que lhes é dado ver e apreciar no próprio local da desgraça (*no terreno*, como frequentemente se diz e escreve).

O que poderia constituir um bom momento de arte de comunicação mediante a palavra oral chega a transformar-se numa representação que se converte num autêntico sacrifício para quem vê e ouve. Por vezes tão indigesto que apetece soltar uma sonora gargalhada para aliviar. Só se não solta, porque diante dos infortúnios que todos os dias nos invadem a casa, tais desgraças deviam apelar *para* (e não *à*) nossa compaixão e *para* o nosso respeito...

E sempre que o jornalista procura entrevistar alguém directamente relacionado com a tragédia (caso de fogos ou cheias) para dar mais ênfase, colorido e credibilidade ao seu trabalho *in loco*, então o ridículo não raro atinge proporções ofensivas.

Nunca me hei-de esquecer de uma esganiçada repórter televisiva que perguntou a uma portuguesa sobrevivente do *tsunami*: "Que sentiu a senhora *face à* catástrofe (talvez quisesse dizer *em face da* ou *perante a*)?" Trata-se, no mínimo, de uma pergunta estúpida que merecia uma resposta à altura, isto é, a sobrevivente devia ter mandando calar a jornalista por indigência intelectual...

E aquela que, ao entrevistar o pai de uma criança que tinha morrido num desastre de camionete juntamente com outras crianças que iam em excursão escolar, lhe perguntou: "O senhor autorizou a sua filha a ir nessa viagem?" Perante a resposta afirmativa do pai em choque, fez-lhe uma segunda pergunta, esta a matar: "E se fosse hoje, autorizava?"

Também as *questões colocadas* são igualmente inteligentíssimas (já não se *fazem perguntas, põem-se ou colocam-se questões,* o que soa a linguagem plastificada). Por exemplo: "Faça-me em poucas palavras, que o tempo urge, um resumo do romance que acaba de publicar..." Lindo! Como se uma vida, ou um romance, se pudesse resumir assim em meia dúzia de palavras, que o tempo urge!

Um dia, a propósito de um prémio, recebi um telefonema de uma jornalista de uma agência de notícias (apresentou-se-me como tendo o mestrado em Comunicação Social pela Universidade Nova de Lisboa) e cuja primeira pergunta foi: "Pode-me dizer os títulos dos livros que escreveu?"

Em vez de lhe responder desabridamente e mandá-la aprender a fazer perguntas e a preparar-se adequadamente antes de qualquer entrevista que o seu superior hierárquico lhe marcava, fiz um esforço sobre mim mesmo e fui-lhe debitando, devagar, os títulos dos livros. Teve sorte, porque por princípio reajo mal a estupidezes tamanhas! Ao chegar, porém, a *Raiz Comovida*, tornou-se muito difícil que a senhora compreendesse: *Comovida* é só uma palavra ou são duas: *Como Vida*? *Raiz* tem acento agudo ou não? Depois de lhe soletrar o título por duas vezes, fiquei descansado.

No entanto, a jornalista, para me ser agradável, ainda me fez outra pergunta, já sem qualquer resposta da minha parte: "Fiquei curiosa; de que trata o livro?"

Desviei-me, porém, do assunto – o directo televisivo de uma catástrofe. Normalmente, o repórter faz *evacuar mortos e feridos*, quando *os espaços* é que são evacuados. Os jornalistas da imprensa escrita também já cometem este erro com muita assiduidade: "Os idosos do Lar *foram evacuados* para casa dos familiares devido ao incêndio que deflagrou no edifício". O edifício é que foi *esvaziado* dos idosos. Ou foi simplesmente *evacuado*, não os idosos. Ou: "Os directores do Lar *mandaram evacuar o edifício onde se encontrava instalado o Lar de idosos*".

Ante (*perante, em face de*) um desastre ou calamidade, as pessoas são *transferidas, mudadas ou deslocadas* para o hospital ou para outro sítio qualquer que até pode ser o cemitério... Actualmente, em vez de o verbo *deslocar* está a utilizar-se *deslocalizar*. Emprega--se *deslocalizadas* para as empresas que abrem falência em Portugal e os patrões transferem-nas (*deslocalizam--nas*) para o Leste europeu, onde a mão-de-obra é muito mais barata... Evacuar uma pessoa seria um trabalho de parto muito mais difícil do que o propriamente dito, além de a repórter ficar numa posição (*postura...*) caricata...

No século XIX, Antero de Quental, estudante rebelde da Universidade de Coimbra, *fez evacuar* a Sala dos Capelos, com o concurso de outros colegas. Entre o Reitor Basílio e os estudantes chefiados pelo Poeta havia grandes divergências e ódios acumulados. À conta disso, quiseram fazer-lhe uma desfeita em plena cerimónia presidida pelo Magnífico... Se fosse possível a alguns jornalistas, mormente a alguns dos diplomados pelas nossas Universidades, fazer um directo sobre esses acontecimentos passados, diriam que Antero de Quental e um grupo de estudantes por ele chefiados tinham *evacuado todas as pessoas* que se encontravam na Sala Grande dos Actos. Coitadas das pessoas e dos estudantes!

Bem mais próximo de nós, há poucos anos, era ainda Presidente da Assembleia da República o Dr. Mota Amaral, deu-se um caso interessante que merece ser narrado, até porque vem *ao encontro do* assunto versado nesta "charla". Perante uma ameaça de bomba, o

Dr. Mota Amaral mandou *evacuar* o hemiciclo. Regressados à sala após se ter verificado que era alarme falso, os deputados retomaram as perguntas ao governo. Um deles interpelou o Primeiro-Ministro, mas este já não se encontrava presente. Havia saído aquando do alarme e não mais voltara. Perante o ar atónito do deputado interpelante, o Presidente disse: "Garanto-lhe, senhor deputado, que só mandei *evacuar o hemiciclo*, não mandei *evacuar* o senhor Primeiro-Ministro..."

Mas a melhor pertence àquela jovem repórter televisiva que, sentindo-se incomodada com o barulho dos circunstantes, gritou a plenos pulmões: *Ou se calam ou evacuo*!

Recapitulando:

1 – Evacuar *espaços* e não *pessoas*. **Já foram dados exemplos suficientes no texto desta "charla" e em outras, pelo que me dispenso de continuar a dar mais exemplos.**

VERBOS REGIDOS POR PREPOSIÇÕES

Desta vez, e de peito feito, vou *abalançar-me a* escrever sobre os verbos regidos por uma ou mais preposições. De imediato o meu alter-ego, rezingão e caturra, aqui à minha ilharga, *me* acotovela e *me* belisca, perguntando-*me* ou provocando-*me*: "*A que* te vais tu abalançar? Ainda te recordas das arrematações da tua infância, no adro da igreja, *durante as quais* (*em que*) o pregoeiro exclamava a plenos pulmões: 'São três patacas e meia! Quem mais *se abalança ao* bolo de massa que a Ti Forneira fez de promessa à nossa santa Padroeira?'

Como se vê, até rima, como convém a um pregão que se preza de cumprir a sua missão propagandística!

É verdade! Durante largo tempo não entendi aquele *quem mais se abalança?* (quem mais *se atreve* ou *ousa* subir a parada, quem *dá mais?*).

Julgava na minha candura que o pregoeiro punha ali um *a* excedentário no princípio da palavra, uma *prótese*, e que o que ele afinal queria dizer era *balança*, instrumento de pesar... Está relacionado, sem dúvida, que de *balança* substantivo se pariu o verbo *balançar*: *fazer oscilar, pesar, oscilar, hesitar*. Isto e outras coisas fiquei a saber muito mais tarde nas andanças dos livros, sobretudo nas aventuras da gramática da vida...

Tenho por isso a *impressão de que* a empresa *a que me vou abalançar* será um tanto ou quanto difícil. Embora os falantes da Língua Portuguesa conheçam muitas das preposições que regem certos e determinados verbos: *gostar de*, *depender de*, *lutar por*, *etcœtra*, têm, por outro lado, muita dificuldade em empregá-las antes do relativo. Ninguém se engana se não houver *que, o qual, os quais* ou *quem*: gosto muito *de* ler o jornal logo de manhã; gosto *de* ir ao cinema ao domingo à tarde; apesar *dos* seus trinta anos de idade, ainda depende inteiramente *dos* pais; ir ou não ir à praia depende *do* tempo que fizer; ele luta *por* uma vida melhor; todos devemos lutar *por* melhores condições de vida e de trabalho...

Quando, porém, se trata de uma construção mais elaborada, adeus minhas encomendas! Põe-se um *que* em todas as frases... Ouve-se e lê-se por toda a parte, não raro proveniente de pessoas que tinham por obrigação cívica e cultural não crucificar a língua: o livro <u>que mais gosto</u>, em vez de *o livro de que mais gosto*. Se for o verbo amar, que não usa preposição, já se dirá: o homem ou a mulher *que mais amo*.

Há dias, num programa televisivo, ouvi da boca de um grande político português: "Este não é o país <u>que</u> lutámos durante trinta anos de democracia!" É grave, porque devia ter dito: "Este não é o país *por que* lutámos durante trinta anos de democracia!" Quanto ao verbo *depender* (de): A pessoa *de quem* ela dependia acabou por lhe retirar a mesada. *De quem* dependia ela? Do tio Manuel. O tio Manuel, *de quem* a sobrinha dependia, acabou por lhe retirar a mesada.

No português mascavado da pós-modernidade, a frase anterior seria corrida a *que*, dando este panorama lindíssimo: <u>O tio Manuel *que* a sobrinha dependia acabou por lhe retirar a mesada</u>...

Será assim um bicho-de-sete-cabeças tão medonho para que as pessoas, e pouco importa o grau de instrução, cometam deslizes desta natureza? Certamente que não. Basta um módico esforço. Tudo requer empenho e por vezes um pequeno sacrifício. E, se for grande, não tenhamos receio, que ninguém morre por isso. A cultura não cai do céu, nunca caiu, só o maná é que sim, e hoje já não cai! Os milagres nunca couberam no presente, só ficam bem e verosímeis no passado. E a aprendizagem, qualquer que seja o ramo do conhecimento, custa por vezes os olhos da cara!

Recapitulando:

1 – Tem havido grande dificuldade entre os falantes portugueses em usar com correcção uma preposição antes de uma oração relativa. O *cujo* praticamente já não se utiliza.

2 – E não será muito difícil fixar a regra. De um modo geral, não há problema nas preposições que regem muitos dos verbos que empregamos no dia-a-

-dia. Assim sendo, e se é sabido que gostar é regido pela preposição *de*, ela terá que surgir na frase. *De que gostas mais, de ler ou ouvir música? A música é das artes de que mais gosto.* Se a preposição for *com*, então dir-se-á: A mulher *com quem* ele vive é uma excelente escritora.

3 – Eis alguns verbos que pedem regência: abarrotar *de* o teatro estava abarrotado *de* gente; o teatro *de* que te falei estava *abarrotado de* gente. Acabar *com*: ele acabou *com* o namoro; a rapariga *com quem* ele acabou o namoro ficou desvairada. Abusar *de*: os pedófilos abusam *das* crianças: a menina *de quem* ele abusou tinha apenas três anos. Acamaradar *com*: Joana acamaradou *com* o João, que está a concluir o curso (o João, *com quem* Joana acamaradou, está a concluir o curso). Aconselhar-se *com*: O amigo *com quem* me aconselhei, disse-me *que não faltasse* (e não *para não faltar*) mais às aulas. Divorciar-se *de*: a mulher *de quem* se divorciou já refez a sua vida...

PUBLICIDADE ENGANOSA
E APRENDIZAGEM

Aprender *sem custo* só existe na publicidade enganosa. Do mesmo modo que aprender línguas ou outra ciência, um ofício ou uma arte, sem mestre, e em trinta dias, é um insulto à mais humilde inteligência! Numa época de pressa e de facilitismo como a nossa, e num país com mais telemóveis do que habitantes (*antes* houvesse mais vacas *do que* habitantes, como é o caso das Ilhas), as coisas e as pessoas destinam-se a ser utilizadas o mínimo possível para logo a seguir se deitar fora. O mercado assim o exige. E proclama-se aos quatro ventos que tudo é acessível e pouco ou nada custa a adquirir.

Pense-se no crédito de habitação, no de férias e por telefone (a degradação chegou longe *de mais* (e não <u>demais</u>) e ninguém põe um travão a tal indecoro), na obtenção de um curso médio ou superior, enfim, no *compre agora* e *pague depois*.... Qualquer deles se pode tirar sem sair de casa. Basta preencher um formulário que, se for difícil, pode ser completado por um familiar mais velho e idóneo! Parafraseando alguém, dir-se-á que o mal da maioria dos diplomados é não ter a quarta classe bem-feita – essencial para que a restante vida académica fique escorada em fortes esteios!

Claro que estou exagerando! Mas será através da caricatura que havemos de compreender melhor este intrincado social e económico em que vivemos. A vida resume-se a uma alegria pegada! Maior ainda do que a alegria salazarista concentrada na FNAT (Federação Nacional para a Alegria no Trabalho), que a geração de 60, em Coimbra, num cartaz de um cortejo de estudantes, *apelidou*, em letras garrafais, *de* ou *chamou* (sem o *de*) "Famintos Nacionais Agarrados ao Tacho..."

Basta atentar na publicidade que preenche os mais demoníacos meios da comunicação social e nos entra em casa em forma de aguilhão a fincar-se no flanco. Ouvimos até ao vómito: deve-se aprender brincando para que não existam traumas, e deve-se trabalhar fazendo de conta, e viajar pagando mais tarde, e tirar o curso estudando depois, e comprar automóvel sem ter com quê, mas *é já a seguir* que virá o crédito de determinada instituição bancária que só nasceu para cuidar do bem-estar dos futuros encalacrados sem custo, ou melhor dizendo, sem apelo nem agravo.

Vejamos alguns exemplos de verbos regidos por preposições. O verbo *arrepender* (-se) pode pedir as preposições *de* ou *por*, depende da construção que se utilizar, e o verbo *acusar* exige a preposição *de*: Perante o Juiz e os advogados, em pleno tribunal, o réu confessou-se *arrependido do* crime *de que* era acusado, ou *arre-*

pendeu-se por ter cometido o crime *de que* era acusado. *De que* crime era o réu acusado? Abuso de menores... Do mesmo modo, o verbo *apelar*, que se usa muito e em cuja construção pouco se acerta, pode exigir três preposições diferentes, consoante a construção que se adopta: as preposições *a, para* e *de*.

É evidente que, na maioria dos casos, a tender para a totalidade, apenas se ouve ou lê o emprego da preposição *a*. Os trabalhadores apelaram <u>ao</u> patronato, *etcœtra* e muita coisa, até à náusea final! Para pôr um pouco de ordem nesta desenfreada indisciplina, temos: "O nadador aflito *fez apelo aos* veraneantes que estavam na praia *para que* o socorressem; insatisfeito com o resultado do julgamento do seu constituinte, o advogado *apelou para* o Tribunal da Relação, ou: inconformado com o resultado do julgamento do seu constituinte, o advogado *apelou da* sentença. Assim, *fazer apelo a alguém para que auxilie outrem; apelar da sentença e apelar para o Supremo*.

Recapitulando:

1 – Já foi referido anteriormente o verbo *apelar*, cujas preposições que o regem são, quase sempre, utilizadas erroneamente. Ultimamente, com tantos apelos, praticamente ficámos no *apelar a*: <u>**Os trabalhadores apelaram *à* administração da fábrica uma subida de salários**</u> (*Os trabalhadores apelaram para*

a administração para que lhes fosse concedida uma subida de salário).

2 – Não convencido com a pena aplicada ao réu, o advogado de defesa *apelou para* o Tribunal da Relação.

3 – Insatisfeito com a forma como decorreu o interrogatório das testemunhas, nem com a pena imposta ao réu, o advogado *apelou da* sentença, *convencido de que* ela será anulada ou repetida para bom apuramento dos factos.

"PENSO EU DE QUE..."

Estou *convencido de que* este ponto específico da gramática – verbos regidos por preposições – não é nariz-de-santo, nem tem qualquer transcendência, podendo qualquer pessoa atenta não só compreendê-lo como também *aplicá-lo* com facilidade *nos casos concretos da fala e da escrita:* para tal, basta *aplicar-se a* estudar ou a *pensar* um pouco.

Recapitulando:

1 – *Estar convencido de:* **ele está convencido** *de* **que é engraçado, está convencido** *da* **sua graça.**
2 – *Aplicar em*: **ele aplicou o seu dinheiro** *em* **certificados de aforro.**
3 – **Aplicar-se** *a*: **ela** *aplicou-se a estudar* **música nas horas livres. Por essa razão, tenho tentado** *convencê-la a* **estudar mais Português, para que não cometa tantos erros de ortografia. Procurei** *convencê--la da* **vantagem deste estudo, mas o problema** *reside nela* **(***residir em***) própria: ter-se** *convencido de que* **era ignorante nesta e noutras matérias relacionadas com a língua...**

4 – Convencer alguém *a fazer qualquer coisa*. Convencer alguém *da vantagem* de fazer qualquer coisa; está convencido *de que* não consegue obter melhores resultados.

5 – *Convencer* e *persuadir* são, em regra, mal utilizados por muitos falantes. Ouve-se muito boa gente, com fumos de bem falar ou de bem escrever, afirmar: <u>Estou persuadido de que a minha filha vai ganhar as eleições para o Conselho Executivo.</u>

6 – Neste contexto, o uso do verbo *persuadir* não está correcto. Só se *persuade outrem*, não a nós próprios. Assim, deve-se dizer ou escrever: *Estou convencido de que a minha filha vai ganhar as eleições para o Conselho Executivo.*

7 – Foi o pai quem *persuadiu a filha* a concorrer às eleições para o Conselho Executivo...

8 – *Estar convicto de*, largamente utilizado por falantes de certo nível intelectual, só se usa como adjectivo, embora *convicto* seja o particípio passado irregular do verbo *convencer* (*convencido, convicto*): Trata-se de uma pessoa *convicta dos seus ideais*, que tem firmes e fortes *convicções ou crenças*; *está convicto daquilo que pensa ou faz*. Mas deve evitar-se a construção *estou convicto de que ela,* desta vez, vai passar no exame de condução, como sinónimo de estou *convencido de que ela* (*tenho esperança de que*), *desta vez, vai passar no exame de condução.*

9 – No Direito, e no caso de se ter provado a prática de um crime, chama-se àquele que o cometeu, e

está preso, *réu convicto*. Em Inglês assim também acontece: pessoa culpada de crime, particularmente a que foi sentenciada a prisão. Por isso, sempre que ouço alguém dizer: *Estou convicto, etcœtra*, apetece-me perguntar: "*De que* crime foi Vossa Excelência *acusada?*"

10 – *Penso eu de que...* Expressão famosa que correu o país de lés-a-lés, por ser proferida por uma pessoa muito mediática. O verbo pensar pede *que*: penso *que* ele vai progredir na profissão. O contágio do *de que* foi, porém, tão descomunal, que havia e há falantes que passaram a empregar *de que* depois de quase todos os verbos. <u>Disse de que, afirmo de que, penso de que, julgo de que.</u> Por outro lado, <u>dizem estou convencido que, estou certo que</u> em vez de *estou certo de que* vai chover... Haja Deus!

CONNOSCO E COM NÓS PRÓPRIOS

Sempre que estamos a sós *com nós próprios* tudo se esclarece com mais tranquilidade, porque *nos* analisamos com vagar... (analisamo-*nos* com vagar!)
Quem me *apontou o dedo (Ele apontou-me o dedo), acusando-me de ter cometido um erro de palmatória, ao mesmo tempo que exclamava: apanhei-te! Ah, foi o menino sabichão! Basta que sim e muito me contas, pequeno! Então querias que eu dissesse ou escrevesse "Quando estamos a sós <u>connosco próprios</u>?" Era isso? Já agora dou-te um esclarecimento, e não te levo um ceitil pela explicação.*
Vou dar dois ou três exemplos contextualizados e, como és inteligente, logo perceberás *aonde* (e não <u>*onde*</u>) quero chegar, e assim se evita a regra gramatical por si só, e por norma, seca e enfadonha.
Repara: "Quando estamos a sós *connosco*... Ou quando estamos a sós *com nós próprios*...
Vem daí *connosco*! Ou Vem daí *com nós* ambos! Ou veio de viagem *com nós os três*!
Utiliza-se *connosco* se não houver mais nada depois; emprega-se *com nós*, quando a seguir se emprega um *numeral cardinal, todos, mesmos* ou *próprios*. Ele costuma vir ao cinema *connosco*. Ontem veio ao teatro *com*

nós todos! E não me venham dizer que esta matéria é complicada!

Já que estou com a mão no alguidar da massa gramatical, quero dizer que tenho andado a protelar um esclarecimento que me foi pedido há tempos por um amigo meu. Perguntava-me ele qual a diferença entre *onde* e *aonde*. Vou na mesma dar exemplos contextualizados, tornando-se assim mais fácil e sobretudo mais atraente a explicação e a compreensão: "*Onde* moras? *Onde* vives? *Onde* costumas almoçar? *Onde* trabalhas? A Ilha *onde* nasci é das mais belas do mundo...

Porém: *Aonde* costumas *ir* almoçar todos os dias? *Aonde vais* quando te pega a tristeza? O lugar *aonde vou* sempre que estou triste faz as vezes de um calmante que dilui mágoas e saudades...

Recapitulando:

1 – *Connosco* **e** *com nós mesmos*. **Quando se ouve alguém dizer: Aqui estamos sozinhas** *com nós próprias*, **pensamos logo que quem proferiu tal frase cometeu uma grande calinada. Não, não cometeu. Como já foi referido no texto desta "charla", emprega-se** *connosco* **quando nenhuma outra palavra se lhe segue. No caso de se seguir um** *numeral cardinal*, *mesmo*, *próprio*, *todos*, **já o caso muda de figura e passamos a dizer ou a escrever** *com nós mes-*

mos/ próprios, **com** *nós os três, com nós todos...*
A nossa Língua não deixa de ser uma caixinha de surpresas. Será por isso que há tendência para maltratá-la?

2 – Emprega-se *onde* quando o verbo indica *repouso* (*ser, estar, viver, morar*, ficar, permanecer, *etcœtra*). *Aonde*, quando se usa um verbo que exprime *movimento*: *Vou aonde* quiseres; *aonde* queres *ir*?

3 – Já sei que vou ser *criticado de* acabar abruptamente esta "charla". Mas, antes, vou voltar aos verbos regidos por preposição. Vão *criticar-me por* ter defraudado algumas expectativas que terei criado nos leitores. Não desejava ser *acoimado de* profanador de ilusões nem de esperanças. Também não sei nem me compete dizer se me *desunhei de* todas as dificuldades *a que pus mãos*, a fim de esclarecer quem gosta de me ler. Havia um *slogan* eleiçoeiro de *Mãos à Obra*, e pouca obra se viu a seguir. A não ser a obra escatológica de quem prometeu e não cumpriu!

OS INFINITIVOS

Como reza o provérbio alentejano, o prometido é como jurado. Por isso, aqui me encontro de novo, a fim de religar (o termo religião tem aí a sua origem) o que ficou desligado na última "charla". Estamos em Agosto, mês de férias por excelência, não para mim, que um *amador* não mete férias da sua actividade devocional – a palavra ou o verbo, para falar *em termos* filosófico--religiosos, no sentido que lhe dá o evangelista João, o discípulo amado. Por essa razão, segundo o livro *Código Da Vinci*, Miguel Ângelo teria pintado, na "Última Ceia", Maria Madalena no lugar de João, que tinha um ar efeminado, daí ter-se tornado o discípulo mais amado de entre todos... Tratar-se-á mesmo de Maria Madalena, a grande *amante* de Cristo? Amante, não no sentido pejorativo actual, mas no genuíno de antanho...

Escrevi no início desta crónica que reatei estas "charlas" após um interregno para mim quase *infinito*... Os leitores não deram por nada, como é óbvio, mas é verdade.

Infinito ou *infinitivo*. Vai-me servir (*vai servir-me*) de pretexto para principiar esta "charla". Forma do verbo ainda *inconjugado*, o seu nome nuclear, esperando ser conjugado, possui duas formas na Língua Portuguesa: o *infinito impessoal* e o *pessoal* ou *flexionado*.

Tal bipartição não existe em mais nenhuma outra língua cristã conhecida. O infinito impessoal: *trabalhar, andar, comer, rir, fumar, morrer, viver, etcœtra*, indica uma acção pura. Há até gramáticos que só consideram esta forma do *infinitivo*, enquanto outros admitem as duas já mencionadas.

Com esta cisão já se começa a *verificar* (não escrevi nem utilizo nunca *constatar*, francesismo pouco expressivo) que estamos perante uma matéria sintáctica muito controversa e complicada, o que quer dizer que as regras, por mais numerosas, nunca são suficientes.

Daí que o falante e o escrevente da língua possa tomar a liberdade de escolher uma ou outra forma, *ad libitum*, sem grande receio de vir a cometer um erro supino ou de palmatória.

Quando se pretende *dar ênfase* apenas à acção (o verbo *enfatizar* provém do adjectivo *enfático*, o que não me parece de uma escrupulosa correcção, só o uso corrente lhe deu aval, do mesmo modo *inicializar*, de *inicial,* quando devia derivar do substantivo *início – iniciar*...) – deve empregar-se o *infinitivo impessoal*. Dou alguns exemplos: É *preciso fazer* o trabalho o mais depressa possível; torna-se *imperioso mudar* a situação económica do País, caso contrário podemos todos cair no atoleiro; é *urgente conseguir* empregos, caso contrário, transformamo-nos numa terra de inúteis, pedintes e bandidos...

Nos exemplos dados, fica bem destacada a *acção pura* que o infinitivo não flexionado exprime, sem se curar de saber quem a pratica.

Se, ao invés, existe desejo de realçar o praticante da acção, neste caso utiliza-se a forma do *infinito pessoal* ou *flexionado*. Pode-se até transformar os exemplos anteriores do infinito *impessoal* para o *pessoal*: *É preciso fazeres* o trabalho o mais depressa possível; torna-se *imperioso mudares* de vida, caso contrário, podes cair na miséria; é *urgente conseguires* emprego, se não, transformas-te num ocioso, e a preguiça é a mãe de todos os vícios...

Outros exemplos existem passíveis de ambos os tratamentos: *Ouvi dizer* (ou *ouvi dizerem*) que foste indigitado para chefe de gabinete do ministro X. Quanto a mim, é evidente que o primeiro exemplo (*ouvi dizer*) se torna preferível, embora o segundo (*ouvi dizerem*) seja também correcto e empregado por grandes escritores da Língua Portuguesa, sobretudo no Brasil. Ele *viu-as sair* ou *viu-as saírem*. **Com o verbo** *parecer* **também se pode empregar as duas formas:** *parecem ser* **ladrões ou** *parece serem* **ladrões.**

Caso haja dois infinitivos a seguir ao verbo auxiliar, é preferível empregar *ambos no infinito flexionado*: *Viu-os saírem de casa e correrem* a sete pés pela ladeira abaixo. Ela *ouviu-as tocarem piano e serem* muito ovacionadas pela audiência.

Quando se trata da utilização da preposição *de* depois de *fácil, possível, bom, difícil, impossível* não se deve usar a forma flexionada. Alguns exemplos: Estas cartas não são nada *fáceis de decifrar*; estes textos *são úteis de ler*; muitas decisões existem que *são custosas de tomar*; há recordações *difíceis de esquecer*...

Mas – e há sempre uma adversativa a atravessar-se no nosso caminho – se utilizarmos a partícula apassivante *se*, já se pode ou deve-se usar o infinito flexionado. Utilizarei os mesmos exemplos dados anteriormente: Estas cartas não são nada *fáceis de* **se** *decifrarem* (serem decifradas); estes textos *são úteis de* **se** *lerem* (serem lidos); muitas decisões existem que *são difíceis de* **se** *tomarem* (serem tomadas); há recordações *difíceis de* **se** *esquecerem* (serem esquecidas).

Sempre que o verbo que introduz a forma perifrástica não se encontra no infinitivo: *começar, principiar, andar* – precedido de um infinitivo, é incorrecto utilizá-lo na forma flexionada. Exemplos: *Começaram a murmurar* (e não *a <u>murmurarem</u>*) *que o Mário namora com a Mariana*. *Principiam já as pessoas a perguntar-se* (e não a <u>*perguntarem-se*</u>) por que razão o custo de vida continua tão elevado...

No entanto, se ambos os verbos, o auxiliar e o principal, estiverem no infinitivo, só o auxiliar pode ser usado como infinitivo flexionado: *Isto de fazerem mudar* as regras do jogo a meio dele, não é honesto nem curial. *Isto de andarem a criticar por criticar* é enervante. *Isto de começarem a colher* os frutos fora da época, não é muito aconselhável – *não será aconselhável começar* a colher *os frutos fora da época*.

Na Língua Inglesa não existem tais complicações sintácticas. Emprega-se sempre o infinitivo impessoal, o único que nela existe: *Era aconselhável estudares um pouco mais*, dir-se-ia: *You had better* **study** *a little more*; ou: *It would be better for you* **to study** *a little more*... Muito mais simples e lógico!

Sempre que houver dúvidas em Português sobre esta tão controversa e complicada matéria sintáctica, rejam-se pelo *espírito-santo-de-orelha*. É tão bom conselheiro quanto proveitoso guia linguístico...

Recapitulando:

1 – Como em todas as áreas, também os gramáticos não têm a mesma opinião sobre o uso dos dois infinitivos – o *impessoal e o pessoal ou flexionado*.

2 – Há aqueles que apenas defendem o uso do *impessoal* **por ser a acção mais pura. Outros admitem ambos.**

3 – Nesta matéria não haverá grande prejuízo gramatical se for empregado *um* **ou** *outro*.

4 – Sempre que se quer *dar ênfase a uma acção*, **emprega-se normalmente o** *infinitivo impessoal* **– pouco ou nada interessa** *quem a pratica*. **Alguns exemplos:** *É urgente fazer a vindima, se não vem a chuva e ficam as uvas estragadas. É preciso sair daqui quanto antes, pois vem aí uma trovoada de atroar céus e terra.*

5 – Sempre que se deseja realçar o praticante da acção, deve empregar-se o *infinitivo flexionado*. Exemplos: É forçoso *estudares* mais; por este andar apanhas um chumbo no fim do ano. Torna-se *imperioso falares* com teu pai sobre o automóvel que lhe pediste emprestado e esborrachaste contra um muro!

6 – Sempre que haja dois infinitivos a seguir ao verbo auxiliar, *ambos serão fl*exionados. Exemplos: Ouvi-os *tocarem* piano e *cantarem* no andar de cima. No caso de haver *só um infinitivo* depois do verbo auxiliar, pode-se utilizar tanto o impessoal como o pessoal: Vi os soldados *correr* ou *correrem*. Ouvi os meus vizinhos a *discutir* ou a *discutirem*.

7 – Com a preposição *de* depois de *fácil, possível, útil, difícil* usa-se o infinitivo impessoal: Estes problemas não são fáceis de *resolver*. É possível *ir* a Marte. É útil *aproveitar* o que resta das refeições. É difícil *pensar* num ambiente tão barulhento. Com tamanha carestia de vida, é impossível para certas pessoas *comprar* um automóvel novo.

8 – Se empregarmos a *partícula apassivante se*, usa-se o *infinitivo flexionado*. Estes problemas não são fáceis de se *resolverem* (*serem resolvidos*). Actualmente, *as viagens à Lua* não são impossíveis de *se realizarem*. Há lembranças que são difíceis de *se apagarem* da mente (*serem apagadas*).

NEOLOGISMOS

Os neologismos, palavras novas que se constroem, são muito comuns e acontecem tão vulgarmente, que não há-de haver um só dia em que se não invente um ou vários.

Só que apenas alguns, pela sua expressividade, entram na língua e por lá permanecem, ficando por fim a fazer parte dela. Grande parte não sai do âmbito restrito de quem os ideou, por vezes até com muito engenho, mas acaba por definhar e morrer.

O grande escritor Aquilino Ribeiro era Mestre nessa área. Sabia Latim – matéria que de há anos para cá nem obrigatória sequer é no Ensino Secundário, para que o facilitismo se cumpra à risca – e essa língua mais que morta (ou ainda vivíssima nas que deu origem?) constitui a pedra-de-toque para que alguém ouse *abalançar-se a* tal tarefa. Tanto o Latim como o Grego são matrizes da nossa Língua e da nossa Cultura, a primeira mais raiz materna que a segunda.

Num cinco de Outubro, o Presidente da República, no seu habitual discurso proferido da varanda da Câmara Municipal de Lisboa, criou um *neologismo*. Por vezes as Autoridades também têm rasgo linguístico, que há mais vida para além do défice...

Simplesmente, Sua Excelência, que deve ter o seu Grego esquecido ou nunca o aprendeu, inventou o neologismo *triálogo*: "É preciso haver um *triálogo* entre o Governo, o Parlamento e a Presidência", o que é impossível linguística e semanticamente falando.

O prefixo grego *dia* (através de, por meio de, ao longo de, por causa de, significa também separação, dissociação, dispersão: *dialéctica*, *diálise*; passagem através de: *diáfano, diacústica*, *diafragma*, *diâmetro*; ainda relação entre pessoas: *dialogar, diálogo* não apenas entre *duas*, mas entre *várias*. *Diálogo* significa uma troca de ideias ou entre dois *ou mais* interlocutores e não *apenas* entre dois.

Temos o *monólogo* e o *diálogo*. Os dois opostos. Não se lembram de "O Monólogo do Vaqueiro", de Mestre Gil Vicente? Se assim não fosse, então teríamos, em oposição a monólogo: *duálogo, triálogo, tetrálogo, pentálogo, etcœtra*, o que é uma supina asneira semântica.

A Língua Portuguesa, latina por excelência, incorporou também muitos termos gregos, através do Latim, sobretudo no que diz respeito à Ciência e à Medicina. Assim, o prefixo grego *dia* entra em inúmeras palavras portuguesas, algumas das quais já foram referidas: *diálogo, dialogar, dialogante, dialogador, diapasão, diarreia, diagnóstico, diapositivo, diáspora, dialecto, dialéctica, dimensional, diafragma, diafonia, diáfano, diâmetro, diacronia, diacrónico, diagrama, diapausa* (cessação do crescimento ou desenvolvimento de alguns animais em determinada estação do ano), *diatribe, diatómico, diás-*

tole, diastólico, e muitos outros termos iniciados pelo prefixo grego *dia*, que, e repete-se, significa: *através de, por meio de, ao longo de, por causa de*; indica também: *separação, dissociação, dispersão, passagem através de*, e ainda *relação entre duas ou mais pessoas no que a conversa diz respeito*.

O Presidente da República, ao criar o seu neologismo, nem sequer poderia adivinhar que tinha um ouvinte muito atento às palavras escritas ou pronunciadas, aproveitador nato de pequenos ou grandes deslizes linguísticos, não para fazer escárnio ou desdenhar de quem os proferiu, mas, sim, para com eles elaborar uma pequena lição de pedagogia, como esta que procurei dar, perdoe-se-me a imodéstia. Oxalá tenha alcançado o meu intento.

Recapitulando:

1 – Os neologismos são palavras novas que podem ser importadas de outra língua. Podem permanecer ou apagar-se como bola de sabão. *Diálogo* não significa uma conversa só entre *duas* pessoas, mas, sim, entre *várias*.

2 – Em Português, instalaram-se e empregam-se com demasiada insistência: *implementar, checar, printar, update, know-how*.

**Nos Açores diz-se *suera* para camisola de lã (inglês-americano *sweater*), que se utiliza de tal modo, que só muito tarde, quando eu já andava no Liceu é que percebi que se não tratava de uma palavra portuguesa. Do mesmo modo, e de idêntica origem, *pana* (*pan*); *pêlo de água* – balde de água – (do inglês *pail*), *açucrim* (ice-cream), e muitas mais.

O escritor português que mais neologismos criou foi Aquilino Ribeiro. Actualmente, o escritor e poeta moçambicano Mia Couto é dotado de uma tal imaginação verbal, que cria neologismos quase em cada página dos seus livros, muitos deles de grande expressividade.

ENTREVER E INTERVIR

Estes dois verbos constituem fonte de erros de bradar aos céus da gramática no domínio da semântica.

O verbo *entrever* (ver indistintamente, distinguir mal, divisar, vislumbrar, ver por entre qualquer coisa que dificulta a visão global e nítida) é formado pela preposição *entre* e o verbo *ver*, que, no pretérito perfeito, se conjuga *vi, viste, viu, vimos, vistes, viram*.

Por outro lado, o verbo *intervir*, formado a partir do latim *intervenire* (*inter+vir*), no pretérito perfeito conjuga-se deste modo: *inter (vim), inter (vieste), inter (veio), (inter) viemos, (inter) vieram*. No primeiro exemplo, temos o verbo *ver*; no segundo, o verbo *vir*, cujos particípios passados são, respectivamente, *visto* e *vindo*.

Exemplificando: *Apesar de o* nevoeiro que se fazia sentir na zona, ele *entreviu* a paisagem (do verbo *ver*); apesar de o nevoeiro que se fazia sentir na zona, eles *entreviram* a paisagem. Ele *interveio* (do verbo *vir*) no debate, tendo sido bastante aplaudido. Eles *intervieram* na discussão, o que a tornou muito mais viva.

Estes dois verbos são todos os dias maltratados, até por ministros. Um deles, por sinal da educação, proferiu esta barbaridade nos anos oitenta, "O ministério já *interviu* neste assunto". A língua descaiu para a chinela e o *interveio* ficou sem préstimo... Confundiu, *ver* com *vir*, na terceira pessoa do singular do pretérito: *viu, veio*.

Se os falantes reflectissem uns segundos sobre a língua que falam a todo o momento, *com certeza* (e não *concerteza*, como por vezes se lê em certos jornais e nas legendas dos filmes) não *cometeriam* (nunca se deve dizer *faziam* erros, como já se tem ouvido por aí, tradução literal do inglês *to make mistakes*) tantos erros como cometem.

No particípio passado, há igualmente fífias monumentais: *intervido*, em vez de *intervindo* (confusão com o gerúndio, *que é o mesmo*) e mesmo *intervisto*, particípio passado do verbo *entrever*, cujo gerúndio é *entrevendo*...

Recapitulando:

1 – Confusão entre os verbos *ver* **e** *vir* **quando associados à preposição** *entre* **(***entrever***) e** *inter***, com o mesmo significado, associado ao verbo** *vir*, **como em** *intervir*.

2 – A baralhada reside em todos as pessoas do singular e plural do *pretérito* **e no** *particípio passado*: *Entrevejo, entrevês, entreviu, entrevimos,* **entrevistes,** *entrevendo (gerúndio)* **– verbo** *entrever*.

Intervim, intervieste, interveio, interviemos, interviestes, intervieram, intervindo (gerúndio e particí-

pio passado) – **verbo** *intervir*. **Basta saber conjugar o verbo** *ver* **e** *vir* **e nunca mais haverá enganos...**

3 – *Com certeza* e não *concerteza*.

Em bom português diz-se e escreve-se *cometer erros* **ou** *deslizes* **e não** *fazer erros* **ou** *deslizes*, **anglicismos de** *to make mistakes* **ou** *to make slips*.

CHAMAR E NÃO *CHAMAR DE...*

Os nossos filhos (ou irmãos?) Brasileiros costumam dizer *chamar de*, quando este verbo não usa qualquer preposição. *Chamou-me de burro*, constitui um erro. *Ele designou-me* ou *apelidou-me de* burro já está correcto. *Chamou-lhe* burro é a maneira mais correcta de se dizer ou escrever.

Este *lhe* de *chamou-lhe burro* não é o complemento indirecto, como pode parecer à primeira vista. Não tem o mesmo valor sintáctico de: *ele deu-lhe* (à namorada) *um presente*, em que o *lhe* é o *complemento indirecto*. Deu-lhe o quê? Um presente (complemento directo). A quem deu ele o presente? À namorada (*lhe*), neste caso complemento indirecto. O complemento directo responde à pergunta *o quê, quem?* O indirecto responde à interrogação *a que ou a quem?*

O verbo chamar é uma excepção, porque o *lhe* que se lhe segue *não é um complemento indirecto*, mas, sim, um *nome predicativo do complemento directo* (burro). Há, porém, quem sustente que se trata de um *nome predicativo do complemento indirecto*. Assim ou assado, não se deve dizer ou grafar: *ela chamou-o preguiçoso*, mas, sim, *chamou-lhe preguiçoso*. Porém: "Vês ali o meu filho

António?" *Chama-o* por favor, mas não *lhe chames* nomes...

Recapitulando:

1 – Só com os verbos *designar, apelidar, baptizar* se pode empregar a preposição *de*, enquanto com o verbo *chamar*, não: *Chamou-lhe* preguiçoso. Mas, *apelidou-o de* preguiçoso, *designou-o de* preguiçoso, *baptizou-o* com o nome *de* João.

Nunca diga ou escreva chamar de ladrão, mas *chamar ladrão*: *Chamou-me ladrão*... Vamos deixar o *de* para os nossos filhos ou irmãos Brasileiros – o seu a seu dono – que, por sinal, até falam um português correctíssimo nas telenovelas *de época*. Nunca se ouve *morto* em vez de *matado*, nem *interviu* por *interveio*, nem *empregue* por *empregado*, nem *entregue* por *entregado*, nem outros deslizes gramaticais que se ouvem e escrevem no português da Metrópole, para falar *em termos coloniais*...

2 – Em termos + adjectivo e não em termos de colónia ou de colonizadores; em termos *futebolísticos* e não de futebol; em termos meteorológicos e não de tempo; em termos educacionais e não de educação... Ou *em matéria* de futebol; *quanto* ao tempo...

Haja *termos* (*maneiras*) no uso de *em termos* (sem *de*). De novo a culpa é da Língua Inglesa que utiliza *in terms of* em qualquer circunstância...

A LÍNGUA ESPELHO DA SOCIEDADE

As línguas que se falam reflectem o estado social e económico dos seus falantes e sobretudo o espírito da sociedade onde estes estão integrados. A língua que se fala é o que de mais humano possuímos. Humano no sentido de *original*, pertença só de nós mesmos.

Por esta e outras razões é que o bilinguismo, no sentido estrito da palavra, é muito raro alcançar-se. Não estou a referir-me àquela definição que considera bilingue uma pessoa que fala e escreve muito bem duas línguas, mas àquela que, quando fala a materna, possui determinados mecanismos da mente a funcionar; quando muda para a estrangeira, outros se lhe impõem.

Resumindo: o bilingue puro tem duas personalidades distintas, uma quando fala a língua materna, outra quando fala uma estrangeira.

Contava-me um velho professor de Inglês da Faculdade esta história excelente que exemplifica o que atrás referi sobre a língua ser o que de mais humano possuímos. Uma criança inglesa mudou-se para França, sem os pais, aos cinco anos de idade. Desde essa altura nunca mais ouviu falar nem jamais falou inglês. E depressa a

Língua Francesa se lhe impôs como língua materna. Passaram-se os anos e um dia, já tinha ele mais de sessenta, teve o azar de enfrentar uma situação-limite, daquelas em que uma criatura vê a morte em pessoa na sua frente. A primeira reacção, se está consciente, será gritar e chamar seja lá por quem for. O homem fez isso mesmo, mas chamou pela mãe em inglês! Explicações para quê? Pouco ou nada adiantavam, e a gente assim entende melhor a fundura do mistério da língua!

Há um provérbio português que exprime decepção ou desilusão perante um acontecimento inesperado ou insólito: "Caiu-me o coração aos pés!" O equivalente em Língua Inglesa é: "My heart sank into my boots!" (traduzindo à letra: "O coração afundou-se-me nas botas.").
Na minha opinião, estas duas frases feitas exprimem duas realidades sociais distintas: a portuguesa de uma pobreza descalça; a inglesa já mais desenvolvida e calçada...
Poderei estar equivocado, mas penso assim. Do mesmo modo, a frase feita que exprime intimidade entre duas pessoas: "São unha com carne um com o outro correspondente ao inglês: they are hand and glove (*mão com luva*)", ou "I shouldn't like to be in his shoes" (não gostaria de lhe estar na pele) – faz-me cogitar na mesma diferenciação social entre os falantes das respectivas línguas...

Creio que só na Língua Portuguesa existe um sujeito activo que não pratica uma acção que diz praticar ou ter praticado. Em inglês não acontece semelhante anomalia. Cada qual faz o que pode e o que sabe. Quando digo ou escrevo: "Logo à tarde vou cortar o cabelo", ou "vou consertar o automóvel à oficina", ou "vou construir uma casa de Verão", estou de facto a ser um grandioso fala-barato. Normalmente (há quem o faça) não corto o cabelo a mim mesmo, mando-o cortar; nem conserto nem lavo o automóvel, nem construo casas, mas mando alguém que faça o serviço por mim. Espelhará isto também uma bem nossa grandeza balofa?

O Inglês, mais humilde, realista e dando o seu ao seu dono, diria: "This afternoon *I'll have my hair cut* (o que é o oposto de *I have cut hair*. Repare-se neste exemplo: *I don't cut my hair*, *I have it cut* (não [me] corto o cabelo, mando-o cortar); chama-se a esta construção *causative use of have*) –, e assim por diante.

O chamado pretérito perfeito composto (have+particípio passado) tem duas construções com significados opostos: "I have watered the grass of my garden" (reguei a relva do jardim) ou "I usually have the grass of my garden watered" (normalmente mando regar a relva do jardim). Quando o complemento directo se interpõe entre o verbo auxiliar e o principal, não é o sujeito quem pratica a acção.

Nós, Portugueses, mais videirinhos, dizemos que somos nós próprios os praticantes exclusivos da acção. Feitios linguísticos!

Do mesmo modo, também damos ordens por interposta pessoa. Por vezes, por cobardia ou delicadeza, não gostamos de utilizar o imperativo real: "Faz, fazei!" "Entrega-me o livro que te emprestei! Paga o que me deves!" Escondemo-nos, antes, atrás de uma máscara de benevolência: "Olha lá, se vires o Pires, diz-lhe que me traga sem falta o livro que lhe emprestei há semanas!" "Diz ao João que chegue a casa a horas cristãs, caso contrário, chego-lhe a roupa ao pêlo!" "Pede-lhe, se o vires a jeito, que me pague o calote que me ferrou!"

Serão delicadezas, boas maneiras, ou pusilanimidade de quem dá a ordem?

Para concluir, mais uma história verdadeira, desta feita passada com Miguel Torga, quando foi, em 1970, de visita às Ilhas dos Açores. No Faial, encontrou um velho colega de Faculdade, Governador Civil, o mais longevo de todos os que exerceram o cargo durante a nossa História. Disse ele à chegada aos Capelinhos, servindo de cicerone ao colega de Coimbra: "Sou o único Governador Civil que, depois dos Descobrimentos, acrescentou o território português" – ao passo que apontava o tumor de lava erguido do mar colado à terra, batido pelas ondas, que pareciam morrer num sorriso alvar aos pés da monstruosa negrura.

Aqui temos mais um exemplo do sujeito que aparenta ser activo, mas que não pratica a acção, tão característico da nossa língua, ou da nossa índole. O Governador de facto não podia acrescentar nem mandá-lo fazer. O que foi acrescentado deu-se em condições de tragédia telúrica. Poderia o Governador ser *acusado de* ter sido o mandante de uma desgraça...

Recapitulando:

1 – A língua como reflexo das condições sociais, e até económicas, de um país. Há expressões que denotam o que se referiu e foram dados exemplos no texto desta "charla".
2 – Na Língua Portuguesa há um sujeito que só aparentemente pratica a acção: "Construí uma casa; consertei o automóvel", *etcœtra*, quando é outrem quem o faz.
3 – O mesmo acontece com o imperativo real nas segundas pessoas do singular e do plural. Por vezes quem ordena fá-lo por interposta pessoa: "Diz ao André que me devolva os livros que lhe emprestei há já alguns meses".

***

Por aqui me vou quedar. As horas e as páginas vão já adiantadas. Fico agora acalentando a esperança de que este livrinho vá ao encontro das dificuldades que os seus possíveis leitores possam ter. Dar-me-ia por satisfeito e de consciência lisonjeada se um só de entre eles tirasse proveito e esclarecesse algumas das suas dúvidas a partir do que atrás ficou lavrado em escritura. Não sendo escrito por um linguista nem muito menos por um gramático, este livrinho que ora se publica mais não será do que o fruto do amor à Língua Portuguesa que lhe devota o autor. Parafraseando Pessoa e Eça de Queirós, é ela a Pátria de todos nós. Ou citando Vergílio Ferreira: "Da minha Língua vê-se o mar!" Tão bela é ela que devemos evitar a todo o custo que seja conspurcada e ande por aí a sofrer tantos e tamanhos maus tratos.